Bettina Musiolek (Hrsg.)

Ich bin chic,
und Du mußt schuften

D1872305

Kleidung hat, bis sie in unsere Geschäfte kommt, einen wahren Zickzackkurs über den Erdball hinter sich. Verlierer im globalen Geschäft mit der Mode sind die Produzentinnen.

In den Freihandelszonen von Ländern der »Dritten Welt«, in Osteuropa und in den Hinterhöfen der »Ersten Welt« werden junge Frauen gezielt verschlissen. Das Buch zeigt die »Spielregeln« der Branche und fragt, wie Frauen als Produzentinnen und als Konsumentinnen diese gerecht verändern können. *Ich bin chic...* entstand im Zusammenhang der europäischen *Kampagne für sozial saubere Kleidung*. Sie setzt als Druckmittel gegen europäische Versandhäuser und Ladenketten auf den kritischen Konsum, auf die Macht der VerbraucherInnen, die in den Geschäften nach »sauber« produzierter Kleidung fragen. C&A, Otto, Neckermann, Quelle, Karstadt, Metro etc. sind aufgefordert, einer »Sozialcharta für den Handel mit Kleidung« zuzustimmen, die grundlegende Arbeitsrechte enthält. Ein Siegel an der Ladentür soll das signalisieren.

Die Herausgeberin:

Bettina Musiolek, geb. 1961, Sozioökonomin, war als Dozentin in Deutschland und Ostafrika tätig. Sie gehört der Arbeitsgruppe »Frauen und Wirtschaft« des NRO-Frauenforums an, die von Beginn an aktiv an der deutschen »Kampagne für sozial saubere Kleidung« teilnimmt.

Bettina Musiolek (Hrsg.)

Ich bin chic, und Du mußt schuften

Frauenarbeit für den globalen Modemarkt

Mit Beiträgen von Kerstin Bast-Haider, Edna Bonacich, Sabine Broscheit, Wendy Diaz, Yaowapa Donsae, Regine Grienberger, Brigitte Hauschild, Henrike Henschen, Cha Mi Kyung, Ronald Köpke, Althea Macquene, Ulla Mikota, Bettina Musiolek, Aranya Pakapath, Melania Reyes, H.I. Samanmalie, Martha Velasquez Penalba, Dorothee Sölle, Christa Wichterich, Taweesap Worpetch

Brandes & Apsel

Das Buch wurde durch folgende Institutionen finanziell unterstützt:
Ökofonds Bündnis 90 / Die Grünen Nordrhein-Westfalen
Umverteilen! – Stiftung für eine solidarische Welt
Spendengremium der Bundestagsgruppe der PDS
Vereinte Evangelische Mission
Staatskanzlei Nordrhein-Westfalen
Kirchlicher Entwicklungsdienst der Ev. Kirche in Deutschland durch den ABP
Bundesministerium für Wirtschaftliche Zusammenarbeit und Entwicklung

Die Deutsche Bibliothek – CIP-Einheitsaufnahme:

Ich bin chic, und du mußt schuften : Frauenarbeit für den globalen Modemarkt / Bettina Musiolek (Hrsg.). Mit Beitr. von Kerstin Bast-Haider ... – 1. Aufl. – Frankfurt a.M. : Brandes und Apsel, 1997
ISBN 3-86099-149-3

1. Auflage 1997
© Brandes & Apsel Verlag GmbH, Zeilweg 20, D–60439 Frankfurt a. M.
Alle Rechte vorbehalten, insbesondere das Recht der Vervielfältigung und Verbreitung sowie der Übersetzung, Mikroverfilmung, Einspeicherung und Verarbeitung in elektronischen oder optischen Systemen sowie der öffentlichen Wiedergabe durch Hörfunk-, Fernsehsendungen und Multimedia, auch der bei der Bereithaltung in einer Online-Datenbank zur Nutzung durch Dritte.
Lektorat: Cornelia Wilß
DTP: Elke Daniel
Umschlaggestaltung: Angelika Fritsch, Frankfurt a.M.
Umschlagbild Vorderseite: epd-Bild
Umschlagbild Rückseite: CCC Holland
Druck: Nexus Druck GmbH, Frankfurt a. M., Germany
Gedruckt auf säurefreiem, alterungsbeständigem und chlorfrei gebleichtem Papier.

ISBN 3-86099-149-3

Auf Wunsch informieren wir regelmäßig über das Verlagsprogramm.
Eine Postkarte an den Brandes & Apsel Verlag, Zeilweg 20,
D–60439 Frankfurt a. M., genügt.

MitherausgeberInnen

Südwind – Institut für Ökonomie und Ökumene
Lindenstr. 58-60, 53721 Siegburg, Tel.: 02241/53617 Fax: 02241/51308

NRO-Frauenforum
Kniebisstr. 29, 70188 Stuttgart

Katholische Arbeitnehmer-Bewegung (KAB)
Diözesanverband Trier
Weberbach 70, 54290 Trier, Tel.: 0651/9171-1 70 Fax: 0651/977-1-19

Terre des femmes
Konrad-Adenauer-Str. 40, 72072 Tübingen, Tel.: 07071/7973-0 Fax: 07071/7973-22

Christliche Initiative Romero e.V.
Kardinal von Galen Ring 45, 48149 Münster, Tel.: 0251/89503 Fax: 0251/82541

Vereinte Evangelische Mission
Rudolfstr. 137, 42285 Wuppertal, Tel.: 0202/89004179, Fax: 0202/89004179

Informationsstelle El Salvador
Oscar Romero Haus
Heerstr. 205, 53111 Bonn, Tel.: 0228/694562 Fax: 0228/631226

Evangelische Frauenarbeit in Deutschland (EFD)
Emil-von-Behring-Str. 3, 60439 Frankfurt, Tel.: 069/958012-0 Fax: 069/958012-26

DGB-Bildungswerk
Nord-Süd-Netz
Hans-Böckler-Str. 39, 40476 Düsseldorf, Tel.: 0211/4301 Fax.: 0211/4301500

Ökumenisches Netz e.V. Rhein-Mosel-Saar
Pfarrstr. 8, 56564 Neuwied, Tel.: 02631/354140 Fax: 02631/354141

Evangelische Frauenhilfe in Westfalen e.V.
Feldmühlenweg 19, 59494 Soest, Tel.: 02921/371-0 Fax: 02921/4026

Ökumenisches Büro für Frieden und Gerechtigkeit
Pariser Str. 13, 81667 München, Tel.: 089/4485945 Fax: 089/487673

Spendenkonto der Kampagne:
Evangelische Frauenarbeit in Deutschland,
Konto: Nr. 4 000 307, BLZ 520 604 10, Ev. Kreditgenossenschaft Kassel –
Kennwort »Saubere Kleidung«

Inhalt

Dorothee Sölle
»Ich bin chic« – ist das alles?

Aus zwei Gründen wünsche ich diesem Buch viele aufgeweckte und aufwachende Leserinnen. Der eine ist, daß es uns allen immer noch an *wirtschaftlicher Alphabetisierung* fehlt. Die Katastrophe, die die Globalisierung unter dem Neoliberalismus für 80 Prozent der Menschen bedeutet, wird uns durch eine vollmundige und effektive Propaganda verschleiert. Es wird so getan, als sei der weltweite Handel, die Aufhebung aller Schutzzölle und Regulierungen, ein großer Schritt in Sachen »Freiheit ohne Grenzen«. Aber diese Freiheit bezieht sich ausschließlich auf die in der Tat grenzenlose Selbstbereicherung der Reichen. Für die Nähfrauen, von denen dieses Buch handelt, bedeutet sie eine neue Gestalt von Sklaverei.

Ich benutze dieses Wort bewußt und in historischer Erinnerung an eine der furchtbarsten Menschheitskatastrophen. Die heutigen Ketten und Peitschen sehen etwas anders aus als die alten: Wenn eine schwangere Frau nicht gekündigt werden kann, so versetzt man sie an einen Platz, wo sie ihre 12 bis 14 Stunden stehen muß, dann wird sie rasch selbst aufgeben. Wenn Näherinnen in Gluthitze arbeiten, aber in ihrer Arbeitszeit nur zweimal am Tage die Toilette benutzen dürfen, dann werden sie wenig trinken. Der Akkord ersetzt die in der Landwirtschaft des Südens der USA üblich gewesene Peitsche. Sklavinnen sind diese Frauen, weil sie sich nicht organisieren dürfen, ja an manchen Stellen nicht miteinander reden dürfen.

Was ist das für eine Weltwirtschaft, die Sklavinnen braucht? Machen wir uns also kundig über das Modell des *Kapitalismus pur* ohne soziale und ökologische Zähmung.

Der zweite Grund ist eine alte und doch immer wieder überraschende Erfahrung, die uns über die richtige Analyse hinausführt. Die Näherinnen wehren sich und nehmen ihr Schicksal nicht einfach hin. Sie bilden immer wieder und trotz der Sklavenaufseher — Gruppen, kooperieren miteinander und immer wieder auch mit Menschenrechtsorganisationen, die die Zustände in dieser neuen Sklaverei bekannt machen. Einflußnahme ist möglich – und die Sprache, die große Textilunternehmen am besten verstehen, ist der Boykott der Kundinnen und Kunden. Manchmal fürchte ich, es ist die einzige Sprache, die sie noch verstehen. So laßt sie uns denn lernen! Es gibt ein schreckliches Gerede unter uns in der Sklavenhaltergesellschaft, das ich immer wieder zu hören bekomme, in vielen, oft sehr elaborierten Formen. »So ist es eben. Daran läßt sich doch nichts ändern...« Dieses Denken — und noch schlimmer Fühlen – verleugnet Gott, und gerade das tun unsere Schwestern in der Zweidrittelwelt selten. Sie arbeiten weiter, sie leiden, sie hoffen, sie kämpfen. Warum machen wir nicht mit? Wollen wir denn wirklich von der Sklaverei profitieren? Frei jedenfalls werden wir nur zusammen: Süd und Nord, chicke Damen und schuftende Näherinnen.

Ulla Mikota
Für Chanda

Es ist ein ungemütlicher Samstagnachmittag mit grauem Himmel und kaltem Wind in der Fußgängerzone von Recklinghausen. Chanda Korgaokar, Gewerkschafterin aus Indien und ich von der deutschen *Clean Clothes Campaign (CCC)* sind gerade aus Wattenscheid zurückgekommen. Dort hatten wir morgens gemeinsam mit einigen anderen von der internationalen Bus-Tour der *CCC* mit Klaus Steilmann, einem der Giganten der deutschen Bekleidungsindustrie, über seine Firmenpolitik diskutiert. Nun sitzen wir in einem typisch deutschen Cafe, essen Torte und erzählen aus unserem jeweiligen Leben. Aber gleichzeitig geht mir ständig der Gedanke im Kopf herum: Wie können Chanda aus Indien, Cha Mi Kyung aus Korea, Marilen von den Philippinen, Merdeka aus Indonesien, Samanmalie aus Sri Lanka und Amin aus Bangladesh ihre Sicht der Dinge mehr Menschen in Deutschland mitteilen, als es in dieser einen Woche möglich ist.

So richtig die Idee ist, durch die persönliche Darstellung vor Ort mehr Aufmerksamkeit in der Öffentlichkeit zu erzielen, so unbefriedigend ist die Vorstellung, daß mit der Abreise am nächsten Morgen ihre Stimmen schon wieder verstummen. Dabei gibt es noch so viel zu fragen und soviel zu wissen! Vor allem brennt mir eine Frage auf den Nägeln: Erleben die Frauen das, was wir unter Globalisierung verstehen, nämlich die Verlagerung von schlecht bezahlter Arbeit vor ihre Haustür so eindeutig negativ, wie wir Engagierte dies im Norden allgemein wahrnehmen und interpretieren. Oder haben die Frauen neben den ganz konkreten Forderungen für bessere Löhne, bessere Gesundheitsbedingungen und soziale Mindeststandards vielleicht auch eine darüber hinaus gehende positive Wahrnehmung, was die Globalisierung für ihr alltägliches Leben bedeutet oder bedeuten könnte. Ob die Frauen in ihren Artikeln dazu etwas gesagt haben, oder ob sie andere Aspekte und Botschaften für wichtiger halten, werde ich erst beim Lesen erfahren. Wie auch immer:

Ich bin glücklich und ein bißchen stolz, daß die Idee von Recklinghausen durch Bettina Musiolek Wirklichkeit geworden ist.

Das Lied vom Hemde.

„Schaffen! Schaffen! Schaffen!
Sobald der Haushahn wach!
Und Schaffen — Schaffen — Schaffen,
Bis die Sterne glühn durchs Dach!
O, lieber Sklavin sein
Bei Türken und bei Heiden,
Wo das Weib keine Seele zu retten hat,
Als so bei Christen leiden!

„Schaffen — Schaffen — Schaffen,
Bis das Hirn beginnt zu rollen!
Schaffen — Schaffen — Schaffen,
Bis die Augen springen wollen!
Saum und Zwickel und Band,
Band und Zwickel und Saum —
Dann über den Knöpfen schlaf' ich ein,
Und nähe sie fort im Traum.

„O Männer, denen Gott
Weib, Mutter, Schwestern gegeben:
Nicht Linnen ist's, was ihr verschleißt —
Nein, warmes Menschenleben!
Stich! Stich! Stich!
Das ist der Armut Fluch:
Mit doppeltem Faden näh' ich Hemd,
Ja, Hemd und Leichentuch!

„Doch was red' ich nur vom Tod,
Dem Knochenmanne! — Ha!
Kaum fürcht' ich seine Schreckgestalt,
Sie gleicht meiner eignen ja!
Sie gleicht mir, weil ich faste,
Weil ich lange nicht geruht.
O Gott, daß Brot so teuer ist,
Und so wohlfeil Fleisch und Blut!

„Schaffen — Schaffen — Schaffen,
Und der Lohn? Ein Wasserhumpen,
Eine Kruste Brot, ein Bett von Stroh,
Dort das morsche Dach — und Lumpen!
Ein alter Tisch, ein zerbrochner Stuhl,
Sonst nichts auf Gottes Welt!
Eine Wand so bar — 's ist ein Trost sogar,
Wenn mein Schatten nur drauf fällt!

„Schaffen — Schaffen — Schaffen,
Vom Früh- zum Nachtgeläut!
Schaffen — Schaffen — Schaffen,
Wie zur Straf' gefangne Leut'!
Band und Zwickel und Saum,
Saum und Zwickel und Band,
Bis vom ewigen Bücken mir schwindlig wird,
Bis das Hirn mir starrt und die Hand!

„Schaffen — Schaffen — Schaffen,
Bei Dezembernebeln fahl!
Schaffen — Schaffen — Schaffen,
In des Lenzes sonnigem Strahl!
Wenn zwitschernd sich ans Dach
Die erste Schwalbe klammert,
Sich sonnt und Frühlingslieder singt,
Daß das Herz mir zuckt und jammert.

„O, draußen nur zu sein,
Wo Viol' und Primel sprießen —
Den Himmel über mir,
Und das Gras zu meinen Füßen!
Zu fühlen wie vordem,
Ach, eine Stunde nur,
Eh' noch es hieß: Ein Mittagsmahl
Für ein Wandeln auf der Flur!

„Ach ja, nur eine Frist,
Wie kurz auch — nicht zur Freude!
Nein, auszuweinen mich einmal
So recht in meinem Leide!
Doch zurück, ihr meine Tränen!
Zurück tief ins Gehirn!
Ihr kämt mir schön! netztet beim Nähn
Mir Nadel nur und Zwirn!"

Mit Fingern mager und müd,
Mit Augen schwer und rot,
In schlechten Hadern saß ein Weib,
Nähend fürs liebe Brot.
Stich! Stich! Stich!
Aufsah sie wirr und fremde;
In Hunger und Armut flehentlich —
O, schwäng' es laut zu den Reichen sich! —
Sang sie dies „Lied vom Hemde".

Aus: Ferdinand Freiligrath, Sämtliche Werke, 2 Bde.

Bettina Musiolek

Nicht nur sauber, sondern fair – Die unsichtbaren Flecken auf unserer Kleidung

Brot und Rosen

1896 fand in Berlin der erste Streik deutscher NäherInnen statt, der sich in erster Linie gegen das »Elend in der Hausindustrie der Konfektion« (Oda Olberg, 1896) richtete. Die NäherInnen forderten Mindestlöhne, Maßnahmen zur Eindämmung der Willkür der Aufkäufer/Zwischenhändler sowie »eine anständige, eines Menschen würdige Behandlung«[1]. 1906 konnte in der deutschen Textil- und Bekleidungsindustrie erstmals der Zehnstundentag und die 58-Stundenwoche durchgesetzt werden.

Vor 90 Jahren haben Hemdennäherinnen in New York gestreikt, um statt bisher 16 nur noch 14 Stunden täglich arbeiten zu müssen. Sie kämpften für bessere Arbeitsbedingungen, einen höheren Lohn und Schutz vor Mißhandlungen der Fabrikbesitzer. Protestmärsche der Hemdennäherinnen standen unter dem Motto »Wir wollen Brot und Rosen«. Anlaß war unter anderem ein Brand in einer Fabrik, bei dem viele Frauen starben, weil es keinen ausreichenden Feuerschutz gab.

Clara Zetkin schlug im Gedenken an ihre Leistung, ihren Mut und die Opfer vor, den 8. März als *Internationalen Frauentag* zu feiern.

Damals gab es bereits den Zehnstundentag. Aber in den Hinterhöfen der Modewelt arbeiten Frauen noch immer zehn bis 18 Stunden am Tag, sieben Tage in der Woche. 1996 verbrannten 13 Frauen in einer Fabrik in Bangladesch, weil Notausgänge und Feuerlöscher fehlten. Wenn Näherinnen schwanger sind, werden sie entlassen oder treiben ab unter oft erbärmlichen Bedingungen – wenn sie nicht gezwungen werden, sich mit Hilfe von Norplant (Hormonimplantat) oder Pillen unfruchtbar zu machen. Sobald sie sich für die Verbesserung ihrer Bedingungen und für die Einhaltung gesetzlich vorgeschriebener Mindestlöhne einsetzen, werden sie entlassen, unter Druck gesetzt, überfallen und vergewaltigt...

Dies alles sieht man dem chicken Fummel im Geschäft nicht an. Er ist

---

[1] Zitiert nach »Dokumente aus 150 Jahren Frauenarbeit in der Textil- und Bekleidungsindustrie« Gewerkschaft Textil-Bekleidung/GTB 1981, S. 44

frisch gestärkt und dank Weichmachern angenehm auf zarter Haut. Beides bleibt nach der ersten Reinigung im Abwasser zurück. Die extensive Verpackung z.B. von Herrenhemden landet im Mülleimer. Aber dann ist das Kleidungsstück bereits im privaten Kleiderschrank. Der Umsatz ist getätigt...

Mit knapp 12 kg pro Jahr/pro Kopf sind deutsche Konsumentinnen *Weltmeister im Bekleidungskauf.* Deutschland ist der größte Modemarkt Europas und der zweitgrößte der Welt nach den USA.

Die Geschichte unserer Kleider beginnt im Reagenzglas

Unsere Kleidung ist weit gereist: Mehr als 15.000 km zickzack über den Erdball. Ihre Geschichte – im Fachjargon textile Kette – beginnt beim Baumwollanbau oder in der Chemiefaserproduktion.

Baumwolle – 100 Prozent Natur? Für ein kg Rohbaumwolle braucht man drei kg ›Chemie‹! An einem Baumwollfeld verdient nicht in erster Linie der Bauer, sondern die chemische Industrie mit Pestiziden, Herbiziden, Düngemitteln und Entlaubungsmitteln. Riesige Baumwollmonokulturen schlucken alles und in riesigen Mengen: Wasser aus Flüssen und Seen, die Fruchtbarkeit der Erde und ... Menschenleben. 30.000 Menschen (WHO-Schätzung) sterben in jedem Jahr an den Folgen des konventionellen Baumwollanbaus.

Garne und Stoffe müssen den Transport gut überstehen. Sie werden gegen Fäulnis und Mottenfraß behandelt. Das Garn wird vor dem Weben reißfest gemacht. Vor der Weiterverarbeitung müssen die dafür verwendeten Chemikalien wieder entfernt werden – mit viel Wasser und wieder ›Chemie‹. Um das Kleidungsstück knitterfrei und formstabil zu machen, bekommt es eine »Pflegeleicht«-Ausrüstung mit Formaldehyd, eine antibakterielle, »Easy-Wash«- oder »schwer entflammbar«-Ausrüstung usw. Dafür braucht man Textilhilfs- und -veredlungsmittel, außerdem Farbstoffe. Die chemische Industrie hält allein an Textilveredlungen 5.000 Rezepturen bereit – für den wuscheligen, fusseligen, weichen oder »Kondom«-Griff. Zu den Gesundheitsgefahren dieses umfangreichen Repertoires hält sie sich jedoch bedeckt – Hersteller geben die Zusammensetzung ihrer Cocktails nicht an.[2] Zu den Farbstoffen, Ausrüstungen und Veredlungen kommen künstlich erzeugte Fasern.

Von der chemischen Industrie geht die Entwicklung aus: Sie bestimmt,

---

[2] Da die Produktionsdetails von Textilausrüstungen unter Verschluß gehalten werden, wissen die AnwenderInnen nichts über die Gesundheitsgefahren der Stoffe, die sie benutzen, die in Vorstufen zum Einsatz kamen oder noch kommen.

wie der Stoff fällt, wie er beschaffen ist, wie er sich trägt. Danach müssen sich die Designer mit dem Modell richten.

Im Verhältnis zur Chemiebranche ist die wirtschaftliche Macht der Baumwoll-Bauern, der Färbereien in Asien, Mittelamerika und Osteuropa und auch die der Textilfirmen[3] in Portugal, der Schweiz, Thailand oder Deutschland verhältnismäßig klein. Die Chemieindustrie diktiert in diesem ersten Teil der textilen Kette technisch und wirtschaftlich die Bedingungen der Produktion. Entwickelt werden nicht nationale Ökonomien, sondern die Umsätze und Profite der chemischen Industrie, von denen viele *Global Players* (BASF, Bayer, Hoechst etc.) ihren Firmensitz in Deutschland haben, zumindest hier in Handelsregistern eingetragen sind.

Von der Konfektionierung bis zur Entsorgung

Nähereien und Bekleidungsfabriken in Niedriglohnländern sind von ihren Auftraggebern, die direkt oder mittelbar mit den großen europäischen und nordamerikanischen Ladenketten verbunden sind, abhängig. *OTTO* z.B., das weltgrößte Versandhaus[4] mit vielen ›Ablegern‹ wie *Alba Moda, Heine, Schwab, Hermes, Witt* in Deutschland oder *Eddie Bauer* in den USA, besitzt 31 Einkaufsbüros auf der ganzen Welt. Diese Büros vergeben Aufträge an lokale Produzenten. Besteht zwischen einem Bekleidungshersteller auf den Philippinen und Einzelhandelskonzernen wie *Karstadt, Metro, C&A, Quelle, OTTO*, (Reihenfolge nach Textilumsatz 1995 in der BRD) ein Interessen- und Machtgleichgewicht?

Der Preis, zu dem eine Ladenkette ihre Textilien an KonsumentInnen verkauft, ist etwa 2,2mal so hoch wie der Einkaufspreis.[5] Dies ist nur möglich durch starken wirtschaftlichen Druck auf die Produzenten – je kleiner sie sind, desto stärker der Druck. Den großen Einzelhändlern am Ende der Reihe kommt die Praxis der Unterauftragsvergabe/»Subcontracting« und der Auslagerung/»Outsourcing« sehr gelegen. Einkäufer der großen Ladenketten und Versandhäuser bestellen zum Beispiel bei Agenturen, die wiederum an Konfektionäre Aufträge vergeben, die ihrer-

---

[3] Im Unterschied zur Bekleidungsindustrie, in der konfektioniert, also zugeschnitten, zusammengenäht, geprüft und verpackt wird, stellt die Textilindustrie Stoffe (textile Flächen) her – und das nicht nur für die Bekleidungsindustrie, sondern z.B. auch für die Automobilindustrie (Innenverkleidung, Sitzbezüge etc.). Die Textilindustrie ist also eine Vorstufe der Bekleidungsindustrie. Das Wort »Textilindustrie« wird aber auch oft synonym für Textil- *und* Bekleidungsbranche benutzt.

[4] Katalogauflage pro Jahr: 250 Millionen.

[5] »Kleidung im Geschäft – Des Handels Wandel.« Eine Ausgabe der Kampagne Saubere Kleidung von Ineke Zeldenrust und Janneke van Eijk, S. 24

seits kleine Sweat Shops und Heimarbeiterinnen ohne geregeltes Beschäftigungsverhältnis beauftragen. Damit wird die Reihe bis zu dem eigentlichen Produzenten immer länger. Jeder Zwischenhändler setzt seinen Auftragnehmer erneut unter Preisdruck. Die letzten und schwächsten Glieder sind die NäherInnen.

Der wirtschaftliche Druck auf die Konfektionäre und Näherinnen wird in letzter Zeit noch dadurch verstärkt, daß der Auftragsumfang kleiner wird, die Losgrößen zurückgehen und die Produktionskosten infolgedessen steigen. Die gestiegenen Kosten können nicht an die Einkäufer der mächtigen Ladenketten weitergegeben werden. Verliererinnen sind wieder die Näherinnen.

Wie sich dieser Zwischenhandel auf Frauen in der Bekleidungsindustrie auswirkt, berichten im vorliegenden Buch besonders Althea Macquene aus Südafrika, Edna Bonacich aus Los Angeles, die Eden-Arbeiterinnen aus Thailand und Brigitte Hauschild aus Nicaragua.

Die dominierende Stellung des Einzelhandels setzt sich bis zur Entsorgung bzw. zum Recycling fort. Vielversprechende Recyclinglösungen der Textilindustrie und lokaler Initiativen können nicht greifen, weil der Handel nicht mitspielt. Ein anderer Zweig des Handels am Ende der textilen Kette erfreut sich offenbar ungebrochener Beliebtheit: der Handel mit Altkleidern. Das Gewissen der KonsumentInnen wird erleichtert. Die erzielten Einnahmen dienen im besten Falle sozialen Zwecken. Werden diese Altkleider in sogenannte »Dritt-Welt-« und »Transformationsländer« exportiert, kann keine einheimische Bekleidungsherstellung mehr mit diesem Billigangebot konkurrieren. Sie geht zugrunde. In einigen Ländern Afrikas steht die einheimische Textil- und Bekleidungsindustrie inzwischen vor dem Zusammenbruch: in Uganda, Sambia, Ghana, Benin, Gambia,[6] Kamerun. Altkleiderexporte haben das bewirkt, was Kolonialherren schon einmal durch Verbot des einheimischen traditionellen Textilhandwerks erreicht hatten.

»Standort Deutschland« auf dem Abstieg?

Überall in der Welt – ob in Los Angeles, Colombo, Bangkok, San Pedro Sula, Plovdiv oder Amsterdam – hören Näherinnen, sie seien zu teuer und ihre exorbitanten Lohnforderungen und Lohnnebenkosten würden die Entwicklungsinteressen, den Standortvorteil des Landes ruinieren. Aber auch den KonsumentInnen wird die Verantwortung für den Arbeits-

[6] Quelle: Stiftung Verbraucherinstitut Berlin

platzabbau in der Bekleidungsindustrie in die Schuhe geschoben, weil sie ja alles so preisgünstig haben wollen.[7] Regierungen, Unternehmen und einige Gewerkschaften schaffen es immer noch, Verliererinnen der ›Globalisierung‹ gegeneinander auszuspielen. Zwei treffende Beispiele finden sich in den Beiträgen über die Firma *Eden* in Thailand und über die Bekleidungsherstellung in Los Angeles, USA.

Ist es die teure Frauenarbeit, die den deutschen Standort der Konfektionsindustrie bedroht? Erst jüngst übten thüringische Näherinnen ›freiwilligen‹ Lohnverzicht. Um auf jeden Fall ihren Arbeitsplatz zu behalten, waren sie bereit, für nur noch 7,50 Mark in der Stunde zu arbeiten. Dieser Lohn entspricht dem Durchschnittslohn der Branche in der Alt-BRD von 1970. Jetzt liegt er bei etwa 15 Mark. Eine Hose für circa 150 Mark wird in einer halben Stunde genäht, die Lohnkosten dafür machen also 7,50 Mark aus[8] – gerade fünf Prozent des Verkaufspreises! Und die Thüringerinnen wollen sich mit 2,5 Prozent zufrieden geben! Gegenüber dem Lohnniveau anderer Branchen liegen die Näherinnen-Löhne am unteren Ende – vergleichbar mit anderen typischen, weil billigen Frauenarbeitsplätzen. Dennoch, gegenüber den Näherinnen aus Osteuropa, Asien oder Mittelamerika sind sie teuer, denn die verdienen nur 15 Pfennige bis zwei Mark in der Stunde. Der Lohnanteil am Verkaufspreis beginnt bei 0,15 Prozent! Es kämen keine Auslandsinvestitionen mehr nach Deutschland und deutsche Unternehmen flüchteten ins Ausland, weil die Lohnkosten und Steuern zu hoch seien. So lautet eine der gängigen Argumentationen von Wirtschaftsministern, Kanzlern und Unternehmern. »Es gehört zu den großen propagandistischen Leistungen dieser Epoche, die Arbeitslosigkeit einem Verfall internationaler Konkurrenzfähigkeit des »Wirtschaftsstandortes Deutschland« zuzuschreiben und diesen Verfall zudem mit den Arbeitskosten zu begründen.«[9]

Was geschieht tatsächlich?

1. Ausländische Investoren strömen deshalb nicht in zunehmenden Scharen nach Deutschland,[10] weil Marktanteile hier – abgesehen von einzelnen Wachstumsmärkten wie der Telekommunikation – weitgehend verteilt sind. Deutsche Konzerne haben Schlüsselpositionen nicht nur auf

[7] Entsprechend wird auch bei der Chemisierung der Textilproduktion argumentiert: Die Verbraucherin will es so, denn sie kauft es ja.

[8] Bruttolohn ohne Lohnnebenkosten zitiert nach Monika Lermacher, Gewerkschaft Textil-Bekleidung (GTB)

[9] S.Welzk, Jobkiller Weltmarkt? – Hysterische Standortdebatte zerstört Stabilität der BRD, epd-Entwicklungspolitik 2/3/Februar, 1997, S. 19

[10] Im übrigen widersprechen sich Statistiken in dieser Frage eklatant (vgl. Entwicklung und Zusammenarbeit, 7/1997, S. 162)

deutschen, sondern auf internationalen Märkten inne. Gegen sie zu konkurrieren ist gerade auf dem deutschen Markt – der Höhle des Löwen – schwierig.

Auch deutsche Konzerne investieren kaum noch produktiv in neue Industrieanlagen, weil die Rendite von Finanztransaktionen, also reinen Geldgeschäften, höher ist als die von produktiven Investitionen. Firmenberater akzeptieren keine Renditen unter denen von Börsenspekulationen und die boomen momentan.

In den Chefetagen der Unternehmen und Verwaltungen wird zunehmend die reine Lehre der kurzfristigen Kosteneinsparung ohne Rücksicht auf die langfristige Entwicklung des Betriebes, geschweige der Volkswirtschaft oder gar der Gesellschaft angewendet[11]. Zulieferaufträge werden wegen vermeintlich geringerer Kosten in entferntere Niedriglohngebiete ausgelagert, um dann aufgrund von Qualitäts-, Transport- und Kommunikationsproblemen mit den entfernten Fertigungsstätten wieder ›zurückverlagert‹ zu werden – zu insgesamt höheren Kosten. Unternehmensberater schlagen den Geschäftsleitungen Kosteneinsparung bei den Arbeitnehmern vor, besser gesagt: bei den Arbeitnehmerinnen.

Angesichts dessen haben produktive Investitionen kaum eine Chance, es sei denn, es ginge um das Bauen von Autos in China.

2. Dies führt zu einem anderen, uralten Grund für die ›Flucht‹ von Kapital ins Ausland: Es sucht Märkte. Gerade der südostasiatische Markt mit seinen sogenannten »Tigerstaaten« Singapur, Malaysia, Südkorea, Taiwan und Hongkong ist vielversprechend. Dort wurde auf Kosten der Bevölkerung und dank starkem Protektionismus (Schutz der einheimischen Industrie vor Importen) während der letzten 20 bis 30 Jahre nach westlichem Vorbild industrialisiert. Besonders attraktiv ist in Asien der potentiell riesige chinesische Markt. Auch innerhalb von Asien werden Fertigungskapazitäten der Konfektion verlagert: In den 80er Jahren ließen koreanische und taiwanesische Konfektionäre lieber billiger auf Sri Lanka oder den Philippinen für den westeuropäischen Markt nähen (vgl. den Artikel von Cha Mi Kyung zur Geschichte der südkoreanischen Bekleidungsindustrie). Seit 1993 verlagern sie jedoch ihre Nähfabriken aus Südostasien nach Mittelamerika (außer Costa Rica) – nicht nur weil dort die Arbeit billig ist. Mittelamerika offeriert einen besonderen Standortvorteil: begünstigte Exportmöglichkeiten in die USA.[12]

---

[11] Ein englischer Ausdruck dafür – »cheap-at-any-cost-mentality« – spiegelt die Fatalität dieser Firmenpolitik wieder.

[12] Hinzu kommen begünstigte Exportmöglichkeiten z.B. von Mexiko nach USA. und Kanada aufgrund der Freihandelszone NAFTA. – vgl. Beitrag von Edna Bonancich,

Eine weitere Ursache für Produktionsverlagerungen von Konfektionsbetrieben ergibt sich aus dem Multifaserabkommen (MFA). Dieses Abkommen legte fest, welche Mengen/Stückzahlen von Bekleidung Niedriglohnländer in Industrieländer exportieren durften. Es sollten die Modemärkte von Industrieländern geschützt werden. Das Abkommen lief 1993 aus und widersprach auch gewissermaßen der allgemeinen Freihandelsideologie. Ganz aufgeben wollte man es jedoch auch nicht, und so wurden bis zum Jahr 2003 Übergangskonditionen und Ausnahmeregelungen erlaubt. In der Praxis bleiben die Mengenbeschränkungen für Kleiderexporte der Niedriglohnländer erhalten.

Produzenten greifen nun zu verschiedenen Taktiken, um nicht durch diese Mengenbeschränkungen eingeengt zu sein: Wenn aus den Philippinen z.B. die erlaubten Mengen bereits exportiert wurden, so kann der – in unserem Beispiel – koreanische Konfektionär in ein anderes Land mit nicht ausgeschöpften Exportquota – z.B. Kenia – exportieren, um von dort in seine ursprünglichen Zielländer reexportieren zu können. Eine andere Möglichkeit für den koreanischen oder taiwanesischen Hersteller: Er verlagert gleich seine gesamte Fabrik nach Mittelamerika wegen der günstigen Konditionen, die ihn dort erwarten.

Eine entscheidende Bedingung hierbei ist, daß die Kosten für den Bekleidungstransport praktisch zu vernachlässigen sind. Ihr Anteil am Ladenverkaufspreis des Kleidungsstücks ist ähnlich gering wie der der Lohnkosten für die Näherinnen.[13]

3. Es ist kein Exodus des deutschen Kapitals und auch kein Globalisierungsschub nachweisbar. Wenn deutsche Unternehmen sich im Ausland engagieren, so hat das zudem in aller Regel positive Auswirkungen auf die Beschäftigungssituation in Deutschland selbst, denn Investitionen im Ausland stehen oft in Zusammenhang mit Exporten (z.B. von Maschinen). Sie konzentrieren sich auf Industrieländer, nicht auf Niedriglohnländer. Überdies werden 60 Prozent des Welthandels innerhalb und zwischen multinationalen Unternehmen (Multis) abgewickelt. Unter ihnen sind deutsche Multis sehr aktiv.

In Industrieländern werden Arbeitsplätze in erster Linie durch Rationalisierung aufgrund der Konkurrenz zwischen den multinationalen Unternehmen abgebaut. Weitere Gründe sind stagnierende Nachfrage, Suche nach Märkten und Kosteneinsparung. Steuer- und Zollbefreiungen sowie Ausnahmen von nationalen Arbeits- und Umweltgesetzen sind dagegen

USA. – Günstige Bedingungen hat auch Afrika mit dem Lomé-Abkommen für seine Exporte in die EU.

[13] Angabe der GTB und der Clean Clothes Campaign, Holland

weniger ausschlaggebend. Gleichwohl nutzt das Kapital seine Oasen natürlich aus, wenn es z.B. darum geht, keine Steuern in Deutschland zu zahlen. Das Kapital ist vaterlandslos.

Die Billiglohnkonkurrenz kann also Investitionsmüdigkeit und Arbeitsplatzverluste kaum rechtfertigen. »Für die nationale Unfähigkeit, den Produktivitätsfortschritt statt in Arbeitslosigkeit in Wohlstand umzumünzen, kann der Weltmarkt kaum verantwortlich gemacht werden.(...) Die von der Standortkampagne suggerierte Frontstellung gegenüber neuen Mitbewerbern aus den Ländern des Südens und Ostens ist sachlich nicht begründet und entwicklungspolitisch schädlich.«[14]

Die Exportoffensive der Niedriglohnländer

Der Arbeitsplatzabbau in der Bekleidungsindustrie ist in seiner Höhe mit dem in der Kohle- und Stahlindustrie vergleichbar. Nicht vergleichbar ist die gesellschaftliche und politische Wertschätzung: Daß innerhalb von 35 Jahren 90 Prozent der Arbeitsplätze in Westdeutschland und innerhalb von fünf Jahren 90 Prozent der Arbeitsplätze in Ostdeutschland verloren gingen (vgl. Beitrag von K. Bast-Haider), ist politisch und gesellschaftlich schlicht ausgeblendet worden.

Auch für diese Branche gilt: Deutschland ist nach wie vor einer der größten Exporteure, konkret die Nr. 3 in der Welt nach Hongkong und China.[15] Der Umsatz der deutschen Textil- und Bekleidungshersteller hat sich im Gegensatz zu anderen westeuropäischen Erzeugerländern nicht wesentlich verringert. Die Schweiz bezieht den größten Teil ihrer Bekleidung von deutschen Unternehmen[16] – nicht unbedingt aus Deutschland. Und das ist die Crux: Ein Großteil der Wertschöpfung und der Einkommen wird weiterhin in Deutschland geschaffen. Die qualifizierten Tätigkeiten – im Fachjargon »ntelligenz- und technologieintensive« – wie Design, Schnittherstellung und Finishing (Marketing, Auszeichnung) bleiben in Deutschland. Nur zusammennähen, bügeln, sortimentieren läßt man im Ausland – die sogenannte »passive Lohnveredlung«. Dieses Zusammennähen hat aber, gerade weil es so leicht und billig auszulagern ist, keinen großen Anteil an der Wertschöpfung. Vom Schnitt über den Stoff, das Garn und den Knopf wird alles dorthin geliefert, nur um zusammengenäht und wieder exportiert zu werden.

---

[14] S.Welzk, ib., S. 21,25

[15] Gesamtverband der Textilindustrie, 1994

[16] Vgl. »TexMix. Ein bunter Reiseführer durch die Welt der Textilien.« von Dorothea Rüesch/Erklärung von Bern, S. 72

Die monatlichen Lohnkosten eines Konfektionärs von 90.000 Mark in seinem bulgarischen Betrieb mit 1.050 Beschäftigten entsprechen schätzungsweise seinem wöchentlichen Werbeetat in Deutschland Mit diesem billigsten Teil des Modemachens können die Länder des Ostens und Südens kaum etwas verdienen: die Exporteinnahmen sind relativ gering im Verhältnis zur Größe dieses Sektors.

Die »Lohnveredlungsproduktion« kennzeichnet nicht nur die Beschränkung auf das bloße Nähen, sondern auch die Art und Weise, wie genäht wird. Brigitte Hauschild weist in ihrem Beitrag über die Näh-Cooperative stolz darauf hin, daß eine Coop-Näherin ein Kleidungsstück von Anfang bis zum Ende näht – es ist *ihr* Produkt. Das gilt nicht für die »Lohnveredlungsproduktion«. Eine Frau macht nur Knopflöcher, eine andere näht Taschen auf usw. Um ›effektiv‹ zu sein, greift man zum alten Fließbandsystem, das in den 20er Jahren in der Automobilindustrie der USA entstand, inzwischen jedoch nicht nur aus arbeitswissenschaftlichen Erwägungen überholt ist. Genau dieses Prinzip der Zerlegung der Arbeit in kleinste, stupide Teiloperationen herrscht in den Weltmarktfabriken, wie die Produktionszonen Asiens und Mittelamerikas genannt werden. In Mittelamerika prägten die ArbeiterInnen dafür den Begriff *Maquiladora*. »Maquila« war in der Kolonialzeit das Mahlgeld, das der Müller für seine Arbeit erhielt. So steckt in *Maquiladora* der Gedanke an eine Teilarbeit, die integriert ist in einen größeren, andernorts gesteuerten Produktionsprozeß.[17] Weltmarktfabriken befinden sich oft in *Freien Produktionszonen/Freihandelszonen*, in denen neben der Umgehung z.B. nordamerikanischer Arbeits-, Gesundheits- und Umweltvorschriften zusätzlich Zoll- und Steuervergünstigungen gewährt und nationale Arbeitsgesetze ignoriert werden.

Der Mechanismus des Billiglohnwettlaufs

Ein Bekleidungsproduzent entscheidet über die Auslagerung seiner Fertigung nicht an Hand von Löhnen und sonstigen Kosten in Rupies, Cordobas, Baht oder Lewa, sondern an Hand von Kosten ausgedrückt in Mark. Das heißt, wichtig ist nicht allein die nationale Lohnhöhe, sondern vor allem der Umtauschkurs der nationalen Währung zur Mark. Und hier gibt es zwei Tendenzen, die dieses Währungsverhältnis so beeinflussen, daß die nationalen Kosten spottbillig werden.

---

[17] vgl. ila Nr. 185, S.8

Die eine Tendenz wird verursacht durch die Politik des Internationalen Währungsfonds (IWF) und der Weltbank sowie neuerdings auch der Welthandelsorganisation (WTO). Die Strukturanpassungsmaßnahmen, die sie den Niedriglohnländern verordnen, führen direkt und indirekt zur Abwertung der nationalen Währungen, um die ›Konkurrenzfähigkeit‹ der Wirtschaften zu erhöhen, und zur Inflation. Wird die Währung gegenüber der Mark abgewertet, so verbilligen sich die Exporte und Preise des Landes für Deutsche. Die internationalen Finanzinstitutionen betreiben Standortpolitik zugunsten ausländischer Investoren.

Die andere Tendenz betrifft die Mark selbst: Durch intensive Standort-Propaganda wird ein großer Druck auf die Beschäftigten, die Gewerkschaften und die Bevölkerung insgesamt ausgeübt. Der führt dazu, daß Beschäftigungspolitik und Lohnabschlüsse immer zurückhaltender werden – wir lesen es täglich neu in den Medien. Volkswirtschaftlich gesehen hat das verheerende Auswirkungen: die Lohnentwicklung bleibt hinter dem Produktivitätsfortschritt zurück. Gewinn und Kaufkraft entwikkeln sich nicht gleichgewichtig. Deshalb schießen die Aktienkurse hoch, während Konjunktur und Beschäftigung zurückgehen. [18] Das ist im Kern

[18] H. Elsenhans: »Gegen das Gespenst der Globalisierung« in: epd-Entwicklungspolitik 2/3/97 Februar, S. d 14:
Die eigentlichen Standortprobleme Deutschlands bestünden in der »hohen Konkur-

die Umverteilung, die durch die Standortdebatte erreicht werden soll und erreicht wird.

Welche Auswirkungen hat das auf die Mark? Zunächst werden Exporte billiger, weil die Lohnkosten in Deutschland sinken. Es wird mehr exportiert und es steigt die Nachfrage nach der Mark. Zusammen mit der restriktiven Politik der Bundesbank wertet das die Mark auf. Wenn die Mark im Wert steigt, werden Exporte teurer, andererseits werden die Arbeitskräfte in Osteuropa, Asien und Mittelamerika noch billiger – nicht in deren Währung, wohl aber in Mark. Umgekehrt werden deutsche Lohnkosten verteuert.

Die Beispiele von Nicaragua, Südafrika und Bulgarien in diesem Buch zeigen eindringlich, wie auch die Volkswirtschaften der Niedriglohnländer unter diesem ihnen verordneten Billigkeitswettlauf zerfallen.

Niedriglohngebiete – für das Herstellen von Bekleidung wie geschaffen

1. Die industrielle Revolution begann vor 200 Jahren in England mit der Anwendung des Dampfantriebs in der Textilmanufaktur (»spinning Jenny«). Die Industrialisierung schuf zu Beginn des 19. Jahrhunderts die technischen Möglichkeiten und den Massenbedarf für Alltagskleidung. Das war die Geburtsstunde der *Konfektion*: Kleidung wurde nicht mehr nach Maß individuell vom Schneider gefertigt. Vielmehr vergaben Tuchhändler und Verleger Aufträge an sogenannte Zwischenhändler und Zuschneider, die Näherinnen für sich arbeiten ließen. Die Konfektionierung geschieht nach wie vor auf einer niedrigen Ebene der Technologie und ist deshalb leicht auch in den sogenannten Entwicklungsländern zu installieren. In den Maquiladoras Zentralamerikas (außer Costa Rica) wird zu 90 Prozent Bekleidung gefertigt. Der Rest verteilt sich auf folgende Branchen: Schuh-, Spielwarenindustrie und Teile der Elektronikindustrie, in denen es um monotone Tätigkeiten geht.

---

renzfähigkeit einiger deutscher Exportsektoren, die aber nicht gleichzeitig die Wachstumssektoren der Zukunft sind und über den hohen deutschen Wechselkurs die Konkurrenzfähigkeit anderer Sektoren beseitigen«. Zu den ersteren gehörten Qualitätsautos und Spezialmaschinenbau, zu letzteren Standardautos und -technologien – oder auch Textil-Know-how. Volkswirtschaftlich gesehen wird auch die Textilbranche durch den hohen Produktivitätsvorsprung relativ wenig beschäftigungsrelevanter und relativ wenig zukunftsbestimmender Branchen der deutschen Wirtschaft (Automobil- und Maschinenbau), die zusätzlich noch subventioniert und diplomatisch gepäppelt werden, sowie durch die Mark-Aufwertungen geschwächt.

Die relative technologische Anspruchlosigkeit geht einher mit einem hohen Bedarf an Arbeit. Und den können viele sogenannte »Entwicklungs- und Transformationsländer« sowie die Hinterhöfe der Industrieländer in diesen Ländern selbst (z.B. in Los Angeles oder Amsterdam) befriedigen. Sie können mit ganz besonders billiger Arbeit aufwarten, denn – wie Konfektionsunternehmer sagen – nur junge Frauen weisen die Fingerfertigkeit auf, die hier gebraucht wird.

Sie sind nicht nur fingerfertig, sie sind kaum ausgebildet, unerfahren, meist in ihrem ersten Arbeitsverhältnis und müssen Geld verdienen. Von dem Geld hängen ihre Familien ab, so wenig es auch ist. Junge Frauen aus dem ganzen Land strömen in die Maquilas Mittelamerikas oder werden in den »Sonderwirtschaftszonen« Chinas (laut ILO[19] 5,3 Mio.!) beschäftigt. Diese ›Qualität‹ von Frauen ist es, die von den Nähereiunternehmern innerhalb kurzer Zeit gezielt psychisch und physisch verschlissen wird – »Durchlauferhitzer« (C.Wichterich) der Wirtschaftsentwicklung. Niedrigtechnologie-Arbeitsplätze sind für Frauen ›wie geschaffen‹: Monotone aber Ausdauer erfordernde Arbeit, unsicher, ungeschützt, ständig schwankende Arbeitszeiten je nach Produktionsbedarf, Stücklohn der zur Selbstausbeutung zwingt, um wenigstens etwas zu verdienen. Hierin gleichen sich die Situationen der Frauen vor 100 Jahren und heute in den Freihandelszonen von Honduras, Guatemala, Bangladesch oder Sri Lanka offenbar, wie die Untersuchungen zu ihrer gesundheitlichen Lage in diesem Buch zeigen.

Bei gleichzeitig sehr hoher Arbeitslosigkeit, prekärer Wirtschaftslage (Kürzungen und Entlassungswellen im öffentlichen Sektor, Importwelle aufgrund der ›Öffnung‹ des Landes, davon ruinierte einheimische Landwirtschaft und Industrien) und relativ niedrigen Lebenshaltungskosten ist der Druck auf den Lohn groß. Arbeitgeber haben es nicht nötig, höhere Löhne zu zahlen. Im Gegenteil: sie ziehen alle Register der Verbilligung der Arbeit. Sie werden in dem Beitrag von Edna Bonancich beispielhaft dargestellt. Die Mädchen und jungen Frauen müssen ein Minimum an Bildung mitbringen. Es werden keine Analphabeten eingestellt, denn die ArbeiterInnen müssen angelernt, der Fabrikdisziplin und dem Akkordsystem unterworfen werden. Unternehmer investieren also in gewissem Maße in ihre ArbeiterInnen.

2. Wichtige Bedingungen für das Outsourcing von Nähfabriken in Niedriglohnländer ist ein schneller Zugang zu den Absatzmärkten. Sehr oft trifft man Weltmarktfabriken in der Nähe von Flughäfen und Häfen an. Sowohl Mittelamerika als auch Osteuropa liegen nah bei ihren

[19] Internationale Arbeitsorganisation / International Labor Organisation

Hauptzielmärkten USA. bzw. Westeuropa.Osteuropa bietet neben der Nähe zum Absatzmarkt einen guten Maschinenpark und qualifizierte Arbeitskräfte, die dazu noch spottbillig sind.

3. Für einen Investor sind darüber hinaus die politische Stabilität und ein günstiges Klima für Auslandskapital wichtig. Dafür haben in Zentralamerika, Indien, in Südafrika und Osteuropa die neoliberalen Rezepte (Strukturanpassungsprogramme) von IWF und Weltbank gesorgt. Vorher waren deren Textil- und Bekleidungsindustrien binnenmarktorientiert, relativ geschützt gegenüber Importkonkurrenz. Auch die Zulieferungen kamen zum überwiegenden Teil aus dem eigenen Land.

Die Anpassungsprobleme an Exportausrichtung und Währungsabwertung, also an das herrschende Wirtschaftsmodell, kann man in den Beiträgen über Bulgarien (von B. Musiolek), Ostdeutschland (K. Bast-Haider) und Südafrika (A. Macquene) nachvollziehen.

Entwicklungseffekte?

Staatliche und sogar mit Entwicklungshilfegeldern finanzierte Betreiberorganisationen von Freien Produktionszonen versprachen vielfältige positive Effekte für die Wirtschaft des Landes: Höhere Staats- und Exporteinnahmen, Aufträge für die einheimische Zulieferindustrie und Reinvestition der Gewinne im Land. Davon ist nichts eingetreten. Positiv für die Wirtschaft des Landes schlägt allein der Transfer von Management-Know-How zu Buche (T. Altenburg).

Die Frage der Vorteile für die ArbeiterInnen in den Exportbereichen wird konträrer diskutiert als die der volkswirtschaftlichen Wirkungen, wobei sich die Diskussion an der Generierung von Einkommen und Beschäftigung entzündet. Ist sie positiv oder negativ zu bewerten?

Die Antwort der betroffenen Arbeiterinnen auch in diesem Buch ist eindeutig: *Wir brauchen die Jobs, sie bedeuten unsere Existenz, aber wir wollen unter würdigen Bedingungen arbeiten.* Die Näherinnen der Cooperative in Nicaragua (im Beitrag von B. Hauschild) stellen ihre Arbeit den Arbeitsbedingungen in der Maquila gegenüber und ziehen eine würdige Arbeit vor, auch wenn ihnen dieses Arbeits*leben* immer schwieriger gemacht wird.

Die Arbeiterinnen befinden sich in einem Teufelskreis. Das Einkommen ihrer Familien reicht nicht mehr aus, die Familie zu ernähren. Sie haben keine Beschäftigungsalternative auf dem formalen Arbeitsmarkt: Neben dem Exportsektor existieren oft überhaupt keine Arbeitsmöglichkeiten für Frauen. Ihre Alternative ist allein der informelle Sektor: Verkauf von Tortillas, von Gras für Dachdeckungen, Handarbeiten, von Lebensmitteln oder Getränken, Tätigkeit als Hausangestellte oder Prostituierte.

Neben dem *wirtschaftlichen* Teufelskreis erzählen Beiträge in diesem Buch von einem anderen: Durch die Arbeit in den Weltmarktfabriken erschließen sich den Frauen neue soziale Erfahrungen. Gleichzeitig fallen sie von einer Abhängigkeit – der traditionellen – in die Lohnabhängigkeit, ohne jedoch von dem traditionellen, patriarchalen Zusammenhang befreit zu sein. Damit gehen gravierende Veränderungen ihrer sozialen Stellung einher, die sehr widersprüchlich sind. So erzählen es im vorliegenden Buch zum Beispiel Frauen aus Sri Lanka (Beitrag von R. Grienberger und H.I. Samanmalie), die Eden-Arbeiterinnen aus Thailand (im Beitrag von B. Musiolek und C. Wichterich), Frauen von *MOMUCLAA*, einer honduranischen Frauenorganisation, (Beitrag von R. Köpke) aus Honduras und von *MEC* aus Nicaragua in ihrem Ethik-Kodex.

Männer und andere Familienangehörige warten am Lohntag vor dem Tor der Maquila

Über wirtschaftliche und soziale Zwänge berichten die Frauen, aber auch darüber, wie sie sich wehren: Die Mehrheit der Frauen, von denen in diesem Buch die Rede ist, sehen sich nicht allein als Opfer. Ihre Überlebenstechniken etwa in Bulgarien und Nicaragua ähneln sich auffallend.

Näherinnen organisieren sich

Frauen vom *Da Bindu Collective* in Sri Lanka ebenso wie Martha Velasquez von *MOMUCLAA* (Honduras) berichten von einem gemeinsamen Phänomen bei ihrer Tätigkeit als Interessenvertreterinnen der Arbeiterinnen: über Konflikte mit den traditionellen, von Männern dominierten Gewerkschaften. Die existentielle Abhängigkeit der Frauen und ihrer Familien von der Arbeit in der Schwitzbude (Sweat Shop) wird als Schwäche ausgelegt. Überall auf der Welt finden Männer im formellen wie im informellen Bereich leichter profitablere Jobs als Frauen. Außerdem haben Männer traditionell weniger Verpflichtungen bzw. nehmen ihre Pflichten nicht so ernst. Frauen können häufig nicht abends zu Versammlungen gehen, denn dann müssen sie waschen, kochen, bügeln, säubern. Es lohnt sich für sie auch gar nicht, denn dort werden ihre Probleme, wenn überhaupt, nur beiläufig behandelt. Darüber hinaus berichteten Frauen in Zentralamerika nicht selten von sexueller Belästigung bis hin zu Vergewaltigungen, wenn sie hilfesuchend zu Gewerkschaftsbüros gingen.

Die Angst um den Arbeitsplatz läßt die Arbeiterinnen vor Versuchen, sich zu organisieren, zurückschrecken. Wenn sie es jedoch versuchen, dann in eigenen Organisationen. Martha Velasquez von *MOMUCLAA* meint: Die Schwäche der Gewerkschaften liege darin, »daß die Gewerkschaften keine ausreichende Bewußtseinsarbeit leisten, sondern sich nur auf das Organisatorische konzentrieren«.

Von *ihren* Organisationen werden Frauen dagegen zu Hause, wo sie frei reden können, über ihre Arbeitsrechte, über Ernährungs- und Gesundheitsfragen beraten. Das Gefühl der eigenen Rechtlosigkeit und Ohnmacht gegenüber demütigender Ausbeutung und das Gefühl, damit ganz allein zurechtkommen zu müssen, ist es, was die Arbeiterinnen lähmt. Das wollen die Frauenorganisationen ändern. Seitdem es sie gibt, macht das Wort von der *Arbeit in Würde* die Runde.

Die Kampagne für sozial saubere Kleidung

Es gibt inzwischen einige Bekleidungseinzelhändler, die miserable Arbeitsbedingungen durch ihre Einkäufer registrieren lassen: Kinderarbeit, Fehlen von Feuerlöschern, mangelnde Sauberkeit in der Fabrik. Zitate von Näherei-Managern: »Marks und Spencer ist streng, aber achtet vor allem darauf, ob alles hübsch sauber ist, Menschenrechte halten die für weniger wichtig. Wenn es wenigstens blitzt und blinkt. (...) Miles setzt zwar in den Vertrag, daß keine Kinderarbeit stattfinden darf, die gibt es aber sowieso nicht auf Sri Lanka. Sie kontrollieren das auch nicht.«[20]

Die Autorinnen fragen: »Warum auf die Verhinderung von Kinderarbeit achten, aber nicht auf den Zustand der Maschinen? Warum FCKW in Verpackungen verwehren, aber die Beleuchtungsverhältnisse in der Fabrik vernachlässigen?« Selbst Firmenvertreter, die gegenüber Arbeits- und Umweltstandards aufgeschlossen sind, betrachten die Näherinnen hinter ihren Maschinen als flinke, billige, willige Objekte, nicht als Subjekte mit eigenen Meinungen und Rechten.

Die *europäische Clean Clothes Campaign/Kampagne für ›saubere‹ Kleidung* stellt die Näherinnen und ihre eigenen Organisationen als Subjekte in den Mittelpunkt und will sie dabei unterstützen, grundlegende Arbeitsrechte für sich durchzusetzen. Diese Anerkennung der Arbeiterinnen als gesellschaftliche Subjekte fordert Cha Mi Kyung in ihrem Beitrag.

Das von den Arbeiterinnen selbst als entscheidend definierte Recht ist das Recht auf freie Organisation und kollektive Aushandlung der Verträge und anderer Arbeitsbedingungen. Dieses Recht ist Bestandteil der *Sozialcharta* der *Kampagne für ›saubere‹ Kleidung*, die die großen Ladenketten und Versandhäuser anerkennen sollen. Die Standards der *Sozialcharta* besitzen den Charakter von *Basis*forderungen, die in Konventionen der Internationalen Arbeitsorganisation (ILO) verankert sind.

Das Recht auf Organisationsfreiheit ist deshalb grundlegend, weil nach seiner Durchsetzung andere Forderungen der Arbeiterinnen in dem jeweiligen Land und zu den jeweiligen Bedingungen artikulierbar und realisierbar sind. Dazu gehören besonders Arbeitsschutz-, Umwelt- und Gesundheitsstandards. Insofern sind Umwelt- und Sozialstandards von diesen Rechten auf freie Organisation und kollektive Verhandlungen abgeleitet.

Die europäische *Kampagne für ›saubere‹ Kleidung* ist 1995 von der niederländischen *Clean Clothes Campaign* in anderen europäischen Ländern initiiert worden. In Deutschland haben sich ihr mittlerweile eine große Zahl von kirchlichen, entwicklungspolitischen, Gewerkschafts- und Frauenorganisationen angeschlossen. Mit der europäischen Ausbreitung entspricht die Kampagne der Organisation der Modemultis.

Die Kampagne recherchiert nicht nur Vorwürfe über schwere Verletzungen der Arbeitsrechte, sondern erarbeitet ihrerseits umfangreiche Expertisen zu Produktionsverflechtungen zwischen Modemultis hier und Weltmarktfabriken im Süden, und Osten. Dabei konnte sie sich besonders

[20] »Kleidung im Geschäft – Des Handels Wandel.« Eine Ausgabe der Kampagne Saubere Kleidung von Janneke van Eijk und Ineke Zeldenrust, S. 20

in den Anfängen auf *SOMO*, das Amsterdamer Forschungsinstitut für multinationale Unternehmen, stützen.

Die Einzelhändler mit Bekleidung, also Großkonzerne wie *Karstadt, C&A, OTTO, H&M* usw., bestimmen durch ihre Auftragsvergabe, ihre Preis- und Zeitvorgaben, kurz ihre wirtschaftliche Macht, die Kalkulation des Zulieferers. Somit tragen sie Verantwortung für menschenunwürdige Bedingungen bei der Herstellung der Mode, mit der sie Geschäfte machen. Die Kampagne macht diese Verantwortung deutlich und will die Ladenketten und Versandhäuser dazu bringen, ihren Einfluß für die Verbesserung der Bedingungen einzusetzen. Ein Beispiel, wo dies gelungen ist, ist der Fall des US-amerikanischen Modemultis *GAP* (Beitrag von S. Broscheit). Ein weiteres Beispiel erfolgreicher Zusammenarbeit zwischen Produzentinnen und Konsumentinnen zeigte der Protest gegen Praktiken der deutschen Firma *Adler* in ihrer südkoreanischen Tochterunternehmung 1987.

Die Kampagne richtet sich also mit ihren Forderungen nicht an Regierungen. Die leidvollen Erfahrungen der ArbeiterInnen mit ihren Regierungen, die nicht selten mit den Konfektionären z.B. beim Kaltstellen von Gewerkschaftsmitgliedern zusammenarbeiten, sprachen dagegen. Solche Erfahrungen sammelte Amirul Haque Amin von der *National Garment Workers Federation* in Bangladesch (s. Beitrag von H. Henschen). Angesichts des Machtgewinns der Großkonzerne sind Regierungen im Zuge der »Globalisierung« immer handlungsunfähiger.

Auch Sozialstandards in Handelsverträgen treffen bei Zuwiederhandlung die Falschen: die Näherinnen, die ihren Job verlieren. Gerade das will die *Kampagne für ›saubere‹ Kleidung* nicht.

Die Kampagne unterstellt die Beeinflußbarkeit der gegenwärtigen Regeln der Weltwirtschaft durch öffentlichen Druck auf Modemultis. Der Ohnmacht der KonsumentInnen setzt sie den Appell zur Nutzung der VerbraucherInnenmacht entgegen. JedeR kann nachfragen, nachhaken in den Geschäften, woher die Kleidung kommt, unter welchen Bedingungen sie hergestellt wurde, wieviel »Chemie«, die wir rauswaschen, die Büglerin bereits inhaliert hat, wieviel die Näherinnen für ihre Arbeit verdienen.

Dieses Nachfragen ist zwar *»eine Mutprobe, aber eine befreiende«* (D. Sölle).

Öffentlicher Druck soll an dem Allerheiligsten der Modemultis rühren: dem Image. Er soll erreichen, daß Einzelhändler sich mit ihrem gesamten Sortiment zu der *Sozialcharta für den Handel mit Bekleidung* bekennen und sich *unabhängig* kontrollieren lassen. Ziel ist also keine weitere Fair-Handels-Nische, so wichtig sie auch sind. Eine ›Öko-Sozial-Feigenblatt-

Kollektion‹ der Einzelhändler ähnlich den Öko-Kollektionen wird ebenfalls nicht angestrebt. Bei ihr würde nur ein kleiner Anteil des Sortiments den Anforderungen gerecht werden, mit dem sich die Unternehmen dann schmeicheln, aber keine durchgreifende Verbesserung erreicht.

In diesem Buch zeigen Frauen, daß sie genau wissen, was sie wollen. Das zentralamerikanische Frauensolidaritäts-Netzwerk *RED* verlangt einen Ethik-Kodex von Maquila-Unternehmern, die nationale Frauenkonferenz der südafrikanischen Gewerkschaftsföderation *COSATU* beschloß eine Resolution gegen die negativen Folgen der Globalisierung, Eden-Arbeiterinnen in Thailand fordern stärkere Verantwortlichkeit ihrer Regierungen gegenüber gesetzeswidrigen Praktiken von Auslandskapital... Aus diesem Widerstand heraus schöpfen wir die Kraft, in unseren Bemühungen als Kampagne nicht nachzulassen.

Danke möchte ich allen AutorInnen und ÜbersetzerInnen sagen. Sie haben diese Zusammenstellung dessen, was Näherinnen auf dieser Welt leisten, möglich gemacht. Das Buch wäre nicht entstanden ohne das Engagement vieler großartiger Frauen, unter denen mir hier Inga Kreuzer und Birgit Morgenrath besonders wichtig sind zu erwähnen. Vielen Dank auch an Rose, Heinz, Lea und Leo.

> *Werte Bettina,*
> *wenn Dich dieser Brief ereicht, hoffe ich, daß es Dir gut geht ... und hoffe, daß Dein Buch für all diejenigen, die es lesen werden, von großem Nutzen ist. ... Unsere Arbeit geht voran. Am Freitag machen wir eine Kampagne vor den Maquilas. Zwar ist der Kampf hart, aber wir kommen vorwärts.*
> *Ich mag Dich sehr.*
>
> *Martha*

Brief von Martha Penalba Velasquez/Frauenbewegung der Siedlung Lopez Arellano und Umgebung (MOMUCLAA)

Bettina Musiolek / Christa Wichterich

»Die können doch nicht unser Leben kaputt machen«

Chronik eines vorbereiteten Rausschmisses[1]

Die *Eden Group* ist ein Modemulti mit Sitz in Bangkok, Thailand, eingetragen auf Adam Lisowski. Die Firma produzierte seit 20 Jahren Kleidung für den Export nach Deutschland, Frankreich, Italien, England, Hongkong, Japan, Österreich, die Schweiz, Schweden, Spanien und die USA. Zu den deutschen Abnehmern gehören: *C&A, Quelle, Neckermann, OTTO-Versand, Firma Franz Sinn & Sohn, Horten, Kaufhof/Kaufhalle, Karstadt/ Hertie, Versandhaus Klingel, Woolworth, Kaufring, Metro, Ahlens, Stockmann* und *Wenz*.

Ursprünglich arbeiteten bei *Eden* 4.500 Arbeiterinnen. Die Betriebsgewerkschaft der *Eden-ArbeiterInnen*, die der *Internationalen Gewerkschaft Textil, Bekleidung und Leder* (ITGLWF) angeschlossen ist, hatte sich 1991 als Reaktion auf die miserablen Arbeitsbedingungen im Betrieb gegründet. Von Anfang an herrschten bei *Eden* keineswegs paradiesische Zustände.

Die ArbeiterInnen klagten über:

- 145-150 Baht Tageslohn (entspricht circa 9,90 Mark), während das Existenzminimum für einen Erwachsenen (ohne Familie!) bei 200 Baht pro Tag (etwa 13,20 Mark) lag;
- das Fehlen von Gesundheits- und Sicherheitsmaßnahmen;
- keine Vorsorge oder Schutz im Falle von Schwangerschaft;
- das Fehlen von Umkleideräumen;
- sexuelle Belästigung der Frauen bei den üblichen Eingangskontrollen;
- Staub und chemische Gifte.

Auf Beschwerde der Betriebsgewerkschaft hatte ein Inspektor im August 1996 Verbesserungen der Sicherheits- und Gesundheitsbedingungen innerhalb von 15 Tagen angeordnet. Nichts geschah.

Im undurchsichtigen Netz der Unterauftragsvergabe an Kleinstbetriebe

---

[1] Unter Verwendung von Texten von Inga Kreuzer (Bonn), CLIST (Thailand), Clean Clothes Campaign (Amsterdam), Dorothea Rüesch (Bern)

(»Outsourcing«) verschlechterten sich die ohnehin miserablen Arbeitsbedingungen, die bei Eden herrschten und die untereinander isolierten Beschäftigten konnten sich kaum noch dagegen wehren.
Um den Lohn weiter zu drücken, entließ die Firma in den letzten Jahren regelmäßig ArbeiterInnen, um sie durch circa 200 »Zeitarbeiterinnen« zu ersetzen: Diese Frauen arbeiteten ungeschützt, ohne Vertrag, elf bis 14 Stunden pro Tag (statt acht Stunden) und wurden zu Nachtschichten gezwungen.

Durch Geldtransfers ins Ausland ist 1995 eine hohe Verschuldung vorgetäuscht worden. Die schlechte finanzielle Lage sollte spätere Entlassungen rechtfertigen. Die thailändischen Textilexportquotas (Obergrenzen für den Textilexport in Industrieländer) und die thailändischen Vergünstigungen für ausländische Investoren sind gleichwohl weiter ausgenutzt worden.

Im September 1996 arbeiteten noch etwa 700 Beschäftigte bei *Eden Group*. Statt dessen nähten in Bangkoks Außenbezirken Frauen und Kinder Power-Ranger- und Pocahontas-Shirts - unter ihnen illegale MigrantInnen aus Kambodscha und Burma.

In der Folgezeit entließ die *Eden Group* nach und nach unter massiver Verletzung der thailändischen Arbeitsgesetze alle Arbeiterinnen ohne ihnen die vorgeschriebene Entschädigung zu zahlen. Darüber hinaus hat *Eden* die Erfüllung sämtlicher in den letzten Monaten des Jahres 1996 mit der Gewerkschaft erreichten Vereinbarungen abgelehnt:

- Im August 1996 wurde den Arbeiterinnen der Zutritt zur Nähhalle verweigert. Es wurde auch keine Arbeit vergeben. Die Firma zahlte 345 der verbliebenen circa 700 Arbeitskräfte keinen Lohn für den Monat August.
- Am 14. September wurden weitere 350 ArbeiterInnen entlassen. Die Gewerkschaft forderte eine Entschädigung von 15 Monatslöhnen aufgrund des ›Alters‹ der Entlassenen: Sie sind in der Regel über 30 und werden kaum einen neuen Job finden. Die ArbeiterInnen starteten eine Kampagne, um die Firma unter Druck zu setzen: eine 24 stündige Streikpostenkette und Demonstrationen erzeugten nationale und internationale Aufmerksamkeit. Es folgte eine internationale Kampagne von Protestbriefen, mit der die *Eden Group* und ihre Übersee-Büros zu Verhandlungen mit der Gewerkschaft aufgerufen wurden.
- Am 1.November einigten sich *Eden*-Gewerkschaft und -Management über eine Kompensation, die ArbeiterInnen beendeten den Streik. Diese Zusage des *Eden*-Managements wurde ebenfalls nicht eingehalten. Vielmehr fanden die verbliebenen ArbeiterInnen Mitte November eine leere Fabrik vor. Das Management hatte sich nach Europa abgesetzt.

■ Am 19. November wurde per Anschlag am Fabriktor bekanntgegeben, daß die restlichen ArbeiterInnen entlassen seien. Dieses Entlassungsschreiben war vom Vorsitzenden der *Eden Group*, Adam Lisowski, unterzeichnet mit der Ankündigung, daß die *Eden Group* (*Garments Limited, Eden Print Limited* und *Fashionwear Limited*) fünf Mio Baht (das entspricht in etwa 470,00 Mark pro Arbeitnehmer) an die entlassenen Arbeiterinnen auszahlen würde. Diese Abfindung liegt unter der in der Übereinkunft vom 1. November festgelegten. Die Übereinkunft wird mit keinem Wort erwähnt.

Darüber hinaus wird im Schreiben von Lisowski gleichzeitig angedroht, daß im Fall von Aktivitäten der ArbeitnehmerInnen, die dem Ruf des Unternehmens schaden könnten, jeder Anspruch auf Ausgleichszahlungen verfallen würde. Derart verschaukelt besetzten *Eden*-ArbeiterInnen Ende November das Grundstück des Arbeitsministeriums und bildeten Streikposten am Regierungsgebäude. Nach Verhandlungen mit der Gewerkschaft und Arbeitsrechts-Anwälten sagte die neu gewählte Regierung zu, sich für eine Lösung des Konfliktes einzusetzen. Außerdem wurde den Arbeiterinnen eine begrenzte Hilfe versprochen, um die schlimmste finanzielle Not zu überbrücken. Das Geld wurde nach langem Tauziehen am 3.1.97 ausgezahlt. Anfang Dezember erließ die thailändische Staatsanwaltschaft Haftbefehl gegen Adam Lisowski wegen schwerer Verletzungen des thailändischen Arbeitsrechtes.

Vor dem Kaufhaus Sinn am Kölner Neumarkt anläßlich des Aufenthalts von Eden-Arbeiterinnen in Westeuropa (Februar/März 1997)

Interview mit Yaowapa Donsae und Taweesap Worpetch (Eden-Arbeiterinnen) sowie Aranya Pakapath (Center for Labor Information Service and Training/CLIST, Bangkok)

Wie seid Ihr zu Eden nach Bangkok gekommen?
Yaowapa Donsae: Ich habe nach der Grundschule meinen Eltern auf dem Feld beim Reisanbau geholfen. Wir sind acht in der Familie, und das Feld warf nicht mehr genügend für den Lebensunterhalt ab. Deshalb kam ich nach Bangkok, um meinen Eltern zu helfen. Da war ich 24 Jahre. Neben der Arbeit habe ich sonntags in der Erwachsenenbildung einen Oberschulabschluß gemacht. Ich habe etwa 360 Mark verdient. Mit drei anderen Frauen habe ich mir ein Zimmer geteilt. Für die tägliche Fahrt zur Fabrik, Essen und Miete brauchte ich die Hälfte von meinem Lohn. Dreimal im Jahr konnte ich einen halben Monatslohn an meine Eltern überweisen.

Habt Ihr einen Arbeitsvertrag bekommen und war er verhandelbar?
Ja, wir haben einen bekommen. Aber wenn man etwas verhandeln wollte, wurde man erst gar nicht genommen bzw. entlassen.

Habt Ihr am Anfang erwartet, daß es Probleme geben würde?
Yaowapa Donsae: Als ich anfing, dachte ich wirklich nur ans Geldverdienen, um später zurückzugehen. Ich glaubte, ich hätte bei der *Eden Group* einen super-sicheren Arbeitsplatz und könnte bald zurück ins Dorf zu meinen Eltern.

Taweesap Worpetch: Wir stammen beide aus dem Nordosten Thailands, aus Isaan. Ich habe ein College abgeschlossen und wollte dann Geld verdienen und sparen, um nach einer gewissen Zeit wieder zurück zu meiner Familie gehen zu können. Als ich mit neunzehn Jahren zu *Eden* kam, merkte ich ziemlich schnell, daß da vieles im Argen lag: die Sauberkeit, der Einsatz gesundheitsschädlicher Chemikalien, keine Feuerlöscher... Ich ahnte, daß es Schwierigkeiten geben würde.

Wie setzte sich die Belegschaft bei Eden zusammen?
Anfang der 90er Jahre hatte die Firma 4.500 Beschäftigte. 96 Prozent der Belegschaft waren Frauen, die Hälfte verheiratet und zehn Prozent waren alleinerziehend. Jüngere Frauen wurden bevorzugt eingestellt. Die

Männer hatten die schweren Arbeiten zu machen wie die Stoffe und Kartons zu schleppen. Sie bekamen denselben Lohn, aber sie standen nicht unter einem so starken Druck wie wir, denn sie unterlagen nicht dem Akkord. Sie hatten keine Normen zu erfüllen und mußten nicht ununterbrochen dasselbe tun wie wir.

Wann ist die Betriebsgewerkschaft entstanden?
1991 haben wir die Betriebsgewerkschaft gegründet, um eine Verbesserung der Arbeitsbedingungen, soziale Sicherung der ArbeiterInnen und bessere Bezahlung fordern zu können. Danach begann die Firma, Teile der Produktion in Subunternehmen auszulagern.
Als das Management feststellte, daß es seine Kosten durch Unterauftragsvergabe senken kann, fing es an, die ArbeiterInnen zu schikanieren und sie innerhalb der Fabrik zu versetzen. Wir beide haben zum Beispiel die Materialqualität geprüft: wir mußten die angelieferten Stoffe auf Fehler hin durchsehen. Als wir anfingen, uns in der Gewerkschaft zu engagieren, wurden wir innerhalb der Fabrik versetzt, in eine andere Abteilung, wo die ArbeiterInnen noch nicht gewerkschaftlich organisiert, sondern eher unternehmerfreundlich eingestellt waren. Das isolierte uns und erzeugte gleichzeitig Druck für uns, in solch einer Atmosphäre zu arbeiten. Außerdem hatten wir ungewohnte Tätigkeiten zu verrichten. Taweesab mußte zum Beispiel die Qualität der fertigen Kleidungsstücke prüfen, die in Zulieferbetrieben angefertigt worden waren.

Viele ArbeiterInnen kündigten entnervt, weil sie sich dem Druck und den ungewohnten Arbeiten im Betrieb nicht gewachsen fühlten. Das Ganze war ein Trick, um die Beschäftigtenzahl zu reduzieren.

Ist es darüber zu einem offenen Konflikt gekommen?
Der Konflikt brach im Februar 1996 auf, als das Management fünfzig Arbeiterinnen benannte, die in einen anderen Betrieb versetzt werden sollten. Angeblich eine neue Filiale des Unternehmens. Die Gewerkschaft – 90 Prozent der Frauen waren in der Gewerkschaft – fand aber heraus, daß es eine richtige Klitsche war, betrieben von einem Subunternehmer, dem die Firma Nähmaschinen verkaufte und an den Eden ihre Arbeiterinnen verleihen wollte.

Das Management blieb bei seiner Behauptung, es handelte sich um eine neue Filiale. Daraufhin fragte die Gewerkschaft bei der Regierung nach, und tatsächlich war keine neue Filiale registriert worden. Damit konfrontiert, gab das Management endlich zu, daß es ein Subunternehmen war. Sie sagten sogar, daß der informelle Sektor für die Firma billiger ist, denn die Kleinunternehmer zahlen keine Lohnnebenkosten, bieten keine sozialen Leistungen und werden nicht mit gewerkschaftlichen

Forderungen konfrontiert. In China, sagte die Geschäftsführung, würde sie das genauso machen und da sei es noch billiger. Daraus schlossen wir, daß die Firma schon Aufträge nach China vergab.

Wie kam es denn zu dem Kampf für eine Abfindung?
Die Gewerkschaft versuchte, mit dem Management zu verhandeln, daß für die ArbeiterInnen, die gekündigt hatten oder gekündigt werden sollten, eine Abfindung fällig wird. Die Firma weigerte sich, bis Anfang März 1996 in Bangkok der Asiatisch-Europäische Wirtschaftsgipfel stattfand. Die Gewerkschaft wollte sich mit ihrem Anliegen an den Vertreter Österreichs wenden, aber die Polizei schirmte ihn ab. Deshalb blockierten die ArbeiterInnen sechs Stunden lang eine der Hauptverkehrsadern Bangkoks. Daraufhin vermittelte die thailändische Regierung in dem Konflikt und das Management stimmte Kompensationszahlungen in Höhe von zehn Monatslöhnen zu. Das klingt nach viel, aber die Löhne in Thailand sind sehr niedrig und viele ArbeiterInnen waren über zehn Jahre bei Eden beschäftigt - dafür ist das wirklich keine hohe Summe.

In der Abmachung sagte das Management zu, die Entschädigung auch bei freiwilliger Kündigung zu zahlen. Daraufhin kündigten 800 ArbeiterInnen und bekamen das Geld. Das Management versprach auch, keine weiteren ArbeiterInnen zu entlassen. Aber im September feuerten sie wieder 321, und zwar ohne Entschädigung.
Die Gewerkschaft versuchte wieder zu verhandeln und am 1. November sagte die Firma die vereinbarten Abfindungszahlungen zu und versprach den ArbeiterInnen, die länger als zehn Jahre beschäftigt waren, 3,3 Millionen Baht zu zahlen. Diese Regelung sollte auch bei zukünftigen Entlassungen gelten. Die erste Zahlung sollte am 15., die zweite am 30. November erfolgen. Aber am 15. gab's kein Geld und am 19. wurden weitere 331 Arbeiterinnen entlassen. Danach war die Geschäftsführung einfach verschwunden.

Damit hattet Ihr doch überhaupt keine direkten Adressaten mehr für Eure Forderungen. An wen habt Ihr Euch denn dann gewendet?
Daraufhin zeigten die Eden-ArbeiterInnen die Firmenleitung an. Es kam zu einer Verhandlung, und wir haben gewonnen: die Firma muß zahlen. Aber sie war bei der Thai Military Bank mit 200 Millionen Baht verschuldet und deshalb war überhaupt kein Geld für die Kompensationszahlungen aufzutreiben.

Wir gingen von Pontius zu Pilatus, um Unterstützung zu bekommen, zu Behörden, zum Arbeitsministerium, zur Regierung. Wir wollten, daß die Regierung Strafverfolgung aufnimmt. Aber alles blieb ruhig. Wir bekamen nicht viel Unterstützung. Wir haben Streikposten vor dem Regierungssitz bezogen. Die Regierung zahlte an 50 der entlassenen

ArbeiterInnen je 50.000 Baht. Das sollte ihnen ein bißchen in ihrer Not helfen, denn viele fanden keinen neuen Job.

Damit habt Ihr ja die thailändische Regierung in die Verantwortung genommen.
Ja, weil das thailändische Arbeitsrecht besagt, daß bei Entlassung eine Abfindung fällig wird. Wir sind doch ein freies Land, wir haben eine Demokratie in Thailand. Aber unser Leben wird zerstört. Wir beide haben zehn Jahre lang für *Eden* gearbeitet, und zwar hart. Und zum Schluß bekamen wir nichts außer einem Fußtritt, als wären wir nichts wert. Das ist doch nicht richtig. Wir wollen, daß jeder weiß, daß die das nicht machen dürfen.

Wie soll es weitergehen? Wie stellt Ihr Euch Eure Zukunft vor?
Es ist jetzt sechs Monate her, daß wir Streikposten vor dem Regierungsgebäude bezogen haben. In der Regenzeit war das sehr schwierig für uns, denn wir schlafen da in einem Zelt und das ist sehr kalt. Aber wir wollen zusammenhalten und wir wollen, daß die Regierung etwas unternimmt. Aber sie kümmert das nicht, was sich da vor dem Regierungssitz abspielt. Etwa 40 von uns sind jetzt noch da.

Wie die Zukunft aussehen wird - weiß ich einfach nicht, ob wir zurück ins Dorf gehen oder einen anderen Job finden. Der Kampf geht weiter, und wir wollen bis zum Ende kämpfen.

Wie ist das Ansehen der Fabrik-Näherinnen in der Gesellschaft?
Unsere Familien haben großes Verständnis für die Zwänge und Nöte, die uns zum Arbeiten in der Fabrik bewegen. Aber die Gesellschaft sieht uns als Unterschichtsleute mit wenig Bildung. Wir haben keinen guten Ruf, besonders weil uns nachgesagt wird, wir würden wirtschaftliche Unabhängigkeit anstreben. Für Männer sind wir »ungebundene« Frauen, weg von der Familie, wo wir eigentlich hin gehören.

Als sie den Job verloren, liefen vielen verheirateten Frauen die Männer weg. Sie müssen jetzt Geld borgen, um die Familie zu ernähren, und geraten damit in immer größere Schwierigkeiten.

Wie reagierten die anderen Gewerkschaften auf Eure Probleme?
Wir sind auf uns selbst gestellt. Zwar haben wir Unterstützung von anderen Gewerkschaften bekommen und auch von ein paar NROs. Aber es ist keine dauerhafte Unterstützung. Sie kommen mal und gehen wieder. Man braucht auch Kapazitäten, um Kontakt zu halten.

Die thailändische Textil- und Bekleidungsgewerkschaft hat sich nach der Schließung der Fabrik zurückgezogen. Wahrscheinlich dachten sie, es sei sinnlos weiterzukämpfen. Nur eine Organisation, *CLIST*, hat sich von Anfang an um uns gekümmert.

Hattet Ihr den Eindruck, daß die anderen Gewerkschaften Eure spezielle Situation als Frauen beachtet haben?
Eigentlich nicht. Dem Chef der internationalen Textil-, Bekleidungs- und LederarbeiterInnen-Föderation ist es offenbar nicht klar, in welcher Situation die Frauen nach solch langem Streik finanziell und familiär stecken. Sonst hätte die Gewerkschaft doch nicht so lange gebraucht, um sich für eine Unterstützung zu entscheiden.

Habt Ihr Unterstützung von der thailändischen Öffentlichkeit bekommen?
Das ist sehr schwierig. Protest und Demonstrationen werden immer als negativ angesehen. Die Leute denken, die DemonstrantInnen sollten besser zurück an ihre Arbeit gehen. Wir finden nur Beachtung, wenn wir Straßen blockieren und den Verkehr stören. Ein Taxifahrer hat mir gesagt, daß er uns für verrückt hält. Sein einziges Problem war der Stau, den wir verursachten. Für unser Problem haben die meisten Leute kein wirkliches Verständnis.
Das thailändische Arbeitsrecht sieht eine Entschädigung in Höhe von sechs Monatslöhnen vor. Als die ArbeiterInnen mehr forderten, meinten viele Leute, das sei übertrieben. Aber es ist wirklich nicht viel Geld und wir haben so viel gefordert, weil die ArbeiterInnen schon alt waren. Manche waren zwischen 40 und 50 Jahre und finden bestimmt nie mehr einen Job, und einige haben dort praktisch ihr ganzes Arbeitsleben verbracht. Sie wissen jetzt gar nicht, wovon sie leben sollen, denn wir haben kein soziales Netz für Erwerbslose. Deshalb muß die Gewerkschaft so hart für eine Abfindung kämpfen. Wir müssen einfach weiterkämpfen. Und wir wollen der Öffentlichkeit zeigen, daß wir nicht verrückt sind.

Wie schätzt Ihr das Gespräch mit Americanwear ein?
Das Argument von *Americanwear* war ja immer, daß keine Beziehungen zwischen *Eden* und ihnen bestehen. Aber jetzt sind wir sicher, daß wir das Richtige gefordert haben und daß wir diese Forderungen auch an den Richtigen gerichtet haben.

Hofft Ihr auf einen erfolgreichen Ausgang des Arbeitskampfes?
Nein, viel Hoffnung, unsere Abfindung zu bekommen, haben wir nicht.

Was würdet Ihr Frauen, die jetzt neu in einer Fabrik anfangen, raten?
Organisiert Euch, haltet nicht still. Kämpft um Euer Recht. Niemand sonst kann das für euch tun.

Was können wir hier tun?
Versucht weiter, in der Öffentlichkeit Aufmerksamkeit für unsere Lage zu schaffen. Und übt weiterhin Druck auf die Unternehmen aus.

Was macht Ihr, wenn Ihr zurück in Bangkok seid?
Wir gesellen uns wieder zu unseren Kolleginnen vor dem Regierungssitz – die sind ja immer noch dort.

Nachtrag

Bis heute – Mai 1997 – stehen die Streikposten vor dem Regierungsgebäude. Einige der ArbeiterInnen haben einen anderen Job gefunden. Doch sie unterstützen den Streik ihrer ehemaligen Kolleginnen nach der Arbeit oder an Wochenenden. Die *Eden*-ArbeiterInnen bestehen darauf, ihren Streik fortzusetzen, bis das Management in Thailand unter Anklage gestellt wird.

Forderungen

Die *Eden*-ArbeiterInnen setzen sich dafür ein, daß die Regierung die Rechte von ArbeiterInnen gegenüber gesetzeswidrig handelnden Firmen wahrnimmt. Konkret lauten ihre Forderungen an den *Eden*-Konzern und die Regierung:

- Zahlung der zugesagten Abfindung für die im September entlassenen Arbeiterinnen;
- Beendigung der Praxis der Unterauftragsvergabe, die zu künstlich erzeugter Kurzarbeit, Entlassungen, Ausbeutung von Kinderarbeit und illegaler Beschäftigung von Immigranten führen;
- Sozialversicherung für Arbeitslose durch die thailändische Regierung;
- Entzug der Handelsprivilegien für die *Eden Group*;
- Regierungsmaßnahmen zur Vorbeugung gegen Kinderarbeit.

Die europäische *Kampagne für ›saubere‹ Kleidung* hat einen Sozialfonds eingerichtet, um die schlimmste Not der ehemaligen *Eden*-ArbeiterInnen zu lindern. Handelshäuser, die Abnehmer von *Eden* waren, sollen in diesen Fonds einzahlen, was sie bisher in Deutschland ablehnen.

Besuch von Eden-Arbeiterinnen bei Americanwear in Düsseldorf

All die Methoden transnationaler Unternehmen und die daraus entstehenden Arbeitskonflikte sind nicht ungewöhnlich. Ungewöhnlich aber ist, daß zwei der entlassenen thailändischen Arbeiterinnen nun plötzlich in Deutschland vor der Tür eines Geschäftspartners ihres Arbeitgebers, der *Americanwear Europe GmbH* in Düsseldorf, standen. Die Reise der thailändischen Textilarbeiterinnen ans andere Ende des globalen Fließbands wurde von der europäischen *Kampagne für ›saubere‹ Kleidung* organisiert.

Erfreut zeigte sich Geschäftsführer Warren Brickell von Americanwear nicht, aber gesprächsbereit. Zuvor waren in dem Düsseldorfer Büro herumstehende Kisten und Kartons mit T-Shirts und Pyjamas flink weggeräumt worden, deren Verpackung als Herkunft die Firma *Eden* und als Abnehmer den *Otto Versand* auswiesen.

Trotzdem wies Brickell jegliche Verantwortung weit von sich: *Americanwear* unterhalte mit der *Eden Group* keine Geschäftsbeziehungen. An Kompensationszahlungen durch seine Firma sei folglich überhaupt nicht zu denken, so der Geschäftsführer, zumal die Thailänderinnen durch ihr öffentliches Auftreten dem Unternehmen so große Verluste beschert hätten, daß er bereits vier Düsseldorfer Mitarbeiterinnen hätte kündigen müssen. Vielleicht müsse er den Laden sogar ganz schließen, beschwor Brickell die Notlage.

Da standen sich in dem Düsseldorfer Büro nun unterschiedliche Verliererinnen der Gewinnspiele transnationaler Konzerne gegenüber: entlassene thailändische Arbeiterinnen, die grundlegende Rechte und soziale Mindeststandards fordern, und entlassene deutsche Angestellte, denen erzählt wird, durch die unverschämten Forderungen der Thailänderinnen würden die Gewinne derart schrumpfen, daß Arbeitsplatzabbau notwendig sei. Der Abbruch der Geschäftsbeziehungen durch *Quelle*, *OTTO* und andere infolge illegaler Geschäftspraktiken von *Eden* sollte den ArbeiterInnen und ihren hiesigen Unterstützerinnen angehängt werden.

Mit dieser Sündenbockstrategie treibt das Unternehmen einen Keil zwischen die Frauen und verdeckt, daß es soziale Kosten nicht übernehmen will, sondern sie auf dem Rücken der Mitarbeiterinnen abwälzt.

TrägerInnenkreis der Kampagne für „saubere" Kleidung

c/o Dr. Bettina Musiolek, NRO-Frauenforum,
AG „Frauen und Arbeit - am Beispiel der Bekleidungsbranche"

Kampagne für saubere Kleidung

Düsterwegstraße 2
40723 Hilden
Tel./Fax +2103-63375

Hilden, den 25.4.97

Firma OTTO Versand GmbH & Co.
Herrn D.v.Livonius
Direktor Wirtschaftspolitik und Kommunikation
Wandsbeker Str. 3-7
22 179 Hamburg

Sozialfonds für thailändische NäherInnen der Eden Group Factory

Sehr geehrter Herr von Livonius,

als TrägerInnen der Kampagne für „saubere" Kleidung in Deutschland wenden wir uns an Sie, weil Ihre Firma Kundin der Eden Group Thailand unter der Leitung von Adam Lisowski - über American Wear - ist bzw. war.
Wie Ihnen sicher bekannt ist, hat die Eden Group in Thailand sich mehrfach eklatante Verstöße gegen die thailändischen Arbeitsgesetze (sowie weitere Delikte) zu Schulden kommen lassen. Im November letzten Jahres hat sich das Management ohne Vorankündigung aus Thailand zurückgezogen; die Maschinen wurden demontiert und abtransportiert.

Ca. 700 der im September und November entlassenen ArbeiterInnen warten bis heute vergebens auf die ihnen zugesagte und gesetzlich vorgeschriebene Abfindung. Seit November protestieren sie vor dem Arbeitsministerium Thailands und fordern von diesem energischere Schritte, damit der ihnen bereits gerichtlich zugesprochene Abfindungsanspruch eingelöst wird.

Auf Einladung der europäischen Clean Clothes Campaign haben sich im Februar/März zwei ArbeiterInnen zusammen mit einer Beraterin des thailändischen Center for Labor Information, Service and Training/CLIST in Europa aufgehalten.
Nach allem, was in den Betrieben der Eden Group in den letzten Jahren passiert ist, fühlen sich die ArbeiterInnen auch allein gelassen von den ausländischen Bekleidungshändlern, für die sie Jahre lang produziert haben. Nachdem die Vorkommnisse bei Eden bekannt geworden waren, zogen einige Bekleidungshändler ihr Engagement zurück.

Da die seit einem halben Jahr „ausgesetzten" ArbeiterInnen völlig unverschuldet in unmittelbare existentielle Not geraten sind, wenden wir uns nun an Sie als (ehemalige) Geschäftspartner der Eden Group mit der dringenden Bitte, sich an einem Sozialfonds für diese ArbeiterInnen zu beteiligen. In der großen Mehrheit der Fälle versorgen die Frauen allein große Familien - ohnehin unterbot der Lohn bei Eden das Subsistenzniveau; die meisten NäherInnen sind 'älter' (über 30) und werden Schwierigkeiten haben, einen neuen Job zu finden. Es handelt sich also hier nicht um eine Überbrückung kurzer Erwerbslosigkeit durch eine Abfindung, sondern um das weitere Überleben der ArbeiterInnen.
Da der gesetzlich vorgeschriebene Abfindungsbetrag ohnehin - sollte er eines Tages hoffentlich gezahlt werden - äußerst niedrig ist und dann auch sehr spät einträfe, ist sofortige Hilfe zur existentiellen Absicherung dringend geboten.

Unterstellt, daß Ihre Firma nicht verantwortlich gemacht werden kann für die akuten Probleme der Eden Group ArbeiterInnen, halten wir doch daran fest, daß Ihre Firma durchaus eine humanitäre und moralische Verantwortung hat. Wir bitten sie deshalb um eine freiwillige finanzielle Unterstützung in einem äußerst dringlichen Fall.

Wir schlagen Ihnen vor, daß Ihre Firma einen Beitrag von 700 (Anzahl der ArbeiterInnen) x 100 DM (durchschnittlicher Taglohn in Europa) - also 70.000 DM - aufbringt. Wir möchten Sie bitten, Ihren Beitrag auf das Konto der Evangelischen Frauenarbeit in Deutschland bei der *Evangelischen Kreditgenossenschaft Kassel Nr. 4000307, BLZ 520 604 10 - Stichwort „CCC - Sozialfonds"* - zu überweisen.

Der Konflikt der Eden Gruppe unterstreicht die Aktualität und Notwendigkeit der Arbeit der europäischen Clean Clothes Campaign, die sich für die weltweite Einhaltung sozialer Mindeststandards bei der Bekleidungsproduktion einsetzt - Standards, die in den Verkaufsländern der Bekleidung im Norden als Normalität angesehen werden.
In der Anlage finden Sie weitere Informationen zur Kampagne sowie auch zum Arbeitskonflikt um die Eden Group Thailand.

Wir würden uns über eine positive Antwort von Ihnen im Zeitraum der nächsten vier Wochen nach Erhalt des Schreibens sehr freuen.

Mit freundlichen Grüßen

Bettina Musiolek
im Namen des TrägerInnenkreises der deutschen Kampagne für „saubere" Kleidung

Cha Mi Kyung
Wer baute das südkoreanische Wirtschaftswunder und wer sind seine Opfer?

Über die Geschichte der Bekleidungs- und Textilindustrie in Korea

Die Geschichte der Textil- und Bekleidungsindustrie Südkoreas ist nur vor dem Hintergrund der politischen Rahmenbedingungen zu erläutern, die die Wirtschaft vor allem in ihren Phasen sehr schnellen Wachstums in den 60er und 70er Jahren beeinflußt haben. In dieser Zeit wurden arbeitsintensive Industriesparten wie die Bekleidungsindustrie besonders gefördert. Die Unterstützung durch die Regierung umfaßte z.B. Investitionslenkung und -beratung, Bereitstellung von Mitteln für die Modernisierung bzw. Erweiterung von Anlagen sowie verschiedene Arten der Exportförderung.

Die Bekleidungsindustrie war ein Motor der Wirtschaft und des Exports: Bis in die frühen 80er Jahre erzielte die Bekleidungsindustrie enorme Wachstumsraten und fuhr den Hauptteil der Exporterlöse ein. Die meisten Produktionsstätten der Bekleidungsindustrie wurden mit beträchtlichem Auslandskapital aus Ländern wie Japan, den USA und Deutschland aufgebaut. Das inländische Kapital hingegen entwickelte sich auf der Grundlage von Lizenzverträgen mit Markenartikeln, statt auf der Basis eigener Technologieentwicklung.

Die Regierung legte großen Wert auf die Harmonie zwischen Arbeit und Unternehmern, um die Entstehung demokratischer Gewerkschaften zu verhindern. Auch wenn ArbeiterInnen rein arbeitsrechtliche Forderungen stellten wie z. B. die nach Bezahlung von Mindestlöhnen oder von Überstundenzuschlägen, oder die nach Einführung des Achtstundentages, stellten Firmen und konservative Öffentlichkeit sie als kapital- und gesellschaftsfeindlich hin.

Die gewaltige Welle der Urbanisierung während der 60er und 70er Jahre wird heute darauf zurückgeführt, daß die Regierung die Preise für landwirtschaftliche Produkte senkte und die Landwirtschaft bewußt dem städtischen Industriewachstum opferte[1]. Viele junge Frauen zwischen 14 und 19 Jahren kamen auf der Suche nach Arbeit in die Städte und bildeten hier das Arbeitskräftereservoir für die arbeitsintensiven Industrien. Die meisten Arbeiterinnen waren Töchter armer Bauernfamilien, die auf Druck der Familie ihre Aussichten auf höhere Schulbildung zugunsten ihrer Brüder opfern mußten.

Im gesellschaftlichen Bewußtsein wurde der Arbeiterstand indes ignoriert. Dies hat auch traditionelle Gründe: In der koreanischen Kultur genießen ArbeiterInnen kein Ansehen.

Infolgedessen hatten die meisten Arbeiterinnen während der rasanten Entwicklung der südkoreanischen Wirtschaft in den 60er und 70er Jahren den gleichen Traum: Bildung zu erlangen, um so die Diskriminierung wegen ihrer Arbeit und Armut zu überwinden.

Dem Bestreben junger Arbeiterinnen in den Industrieregionen Koreas und Asiens, als gesellschaftliche *Subjekte* anerkannt zu werden, sind Grenzen gesetzt. Das herrschende konservative Wertesystem, das eine ausgeprägte Hierarchie und den Unterschied zwischen Führungskräften und Arbeiternehmern als vorgegeben ansieht, machte und macht es extrem schwierig, gegen Manager und ihren Führungsstil anzugehen, mit dem sie die Arbeiter mißachten und unterdrücken.

Arbeiterinnen kämpfen für bessere Arbeitsbedingungen

In dieser Zeit war es bei Unterauftragnehmern in Stoßzeiten durchaus üblich, 16 Stunden am Tag zu arbeiten und sogar ohne Überstundenbonus die Nacht bis zum nächsten Tag durchzuarbeiten. Arbeitsministerium und Arbeitgeber wollten nicht einmal eine durchaus regierungsfreundliche branchenübergreifende Gewerkschaft akzeptieren, die Arbeiterinnen gründen wollten, um gemeinsam mit den Arbeitgebern verhandeln zu können.

Dennoch bewirkten Arbeitnehmerinnen in den 70er Jahren eine Änderung der passiven und duldsamen Haltung in der Arbeiterbewegung. Der Auslöser für diese Wende war der Tod von Chun Tae-il, eines jungen Arbeiters in der Bekleidungsindustrie, der sich selbst im November 1970 öffentlich verbrannte – in der Hand das koreanische Arbeitsgesetzbuch. In der Folgezeit schlossen sich ArbeiterInnen, Intellektuelle, Studenten und Kirchenvertreter zusammen. Kirchenleute sahen die extrem schlechten Arbeitsbedingungen und Lebenslagen der ArbeiterInnen und eröffne-

---

[1] Eine analoge Politik – die ursprüngliche Akkumulation – verfolgte England vor 200 bis 300 Jahren als Einleitung der industriellen Revolution – d.Hrsg.

ten Abendschulen für sie. Viele fortschrittliche Studenten unterrichteten dort freiwillig und unterstützten die Gründung von Gewerkschaften. Seit dieser Zeit sind Arbeiter- und Studentenbewegung solidarisch verbunden.

Auch auf die Beschäftigten in der Bekleidungsindustrie blieb der Tod von Chun Tae-il und seine Folgen nicht ohne Wirkung. Junge Fabrikarbeiterinnen versuchten, unabhängige Gewerkschaften als Alternative zu den regierungstreuen zu gründen. Im Kampf für eine unabhängige Gewerkschaft in der *Dong-il* Textilfabrik wurde zum ersten Mal in der Geschichte der koreanischen Gewerkschaften eine Frau Gewerkschaftspräsidentin. Diese Gewerkschaft setzte das Recht auf bezahlten Urlaub und auf Freistellung während der Menstruation durch. Eine Gewerkschaftsaktion im Jahre 1979, die sich gegen die Schließung eines Werkes richtete, führte zu einer landesweiten Streikbewegung. Hieran zeigt sich, daß die weiblichen Beschäftigten aktiv in der Arbeiterbewegung waren und keineswegs nur passive Opfer unter der Kontrolle von Staat und Firmenleitungen darstellten.

Wegen der generell sehr schlechten Arbeitsbedingungen in den 70er Jahren waren die Hauptthemen des Arbeitskampfes in dieser Zeit ausschließlch arbeitsbezogene Forderungen wie die nach Lohnerhöhung und Verbesserung der Arbeitsbedingungen. Die ArbeiterInnen waren in dieser Zeit vorrangig lokal organisiert.

In den 80er Jahren geriet die Arbeiterbewegung unter der herrschenden Militärdiktatur in große Bedrängnis. Die starken unabhängigen Frauengewerkschaften wie die *Chongye Agrement-Union* und die *Wonpoong Textile*-Union wurden aufgelöst. Gewerkschaftlich aktive Arbeiterinnen wurden entlassen und inhaftiert.

Nach dem berüchtigten Massaker von Kwang Joo erhoben Arbeiterinnen erstmalig auch politische Forderungen. Zum Beispiel 1985 während des Solidaritätsstreiks im *Kuro*-Industriegebiet: Daran waren mehrheitlich weibliche Arbeiter der Textil-und Bekleidungsindustrie sowie der elektronischen Industrie beteiligt. Die Beschäftigten forderten die Freilassung inhaftierter ArbeiterInnen und ihre Wiedereinstellung, sowie die Abschaffung des repressiven Arbeitsrechts.

1987 war ein historisches Jahr für die koreanische Arbeiter- und Demokratiebewegung. Nach Ansicht vieler Beobachter verlagerte sich in dieser Zeit der Schwerpunkt der Arbeiterbewegung von den Arbeiterinnen in der Leichtindustrie hin zu den vorwiegend männlichen Arbeitern der großen Firmen der Schwerindustrie. Insbesondere gingen erstmalig die (männlichen) Arbeiter aus der Schwerindustrie wie *Hyundai* – die bisher geschwiegen hatten – auf die Straße, um für ihre Rechte zu demonstrieren und die Bildung einer unabhängigen Gewerkschaft zu fordern. Von Juli bis September 1987 fanden massive Arbeitskämpfe statt. Das Resultat waren erhebliche Lohnerhöhungen und die Gründung unabhängiger Gewerkschaften.

Die Zeit nach 1987 und die Situation der Arbeiterinnen in der Bekleidungsindustrie

Die Arbeiterbewegung nach 1987 war eine andere als die der 70er Jahre: Solidarität und gemeinsame Verhandlungsmacht waren in ihrer Bedeutung erkannt worden. Regionale Arbeitervertretungen entstanden in den Industriezentren und bildeten die Basis für die Gründung des *Nationalen Rates Koreanischer Gewerkschaften* (National Council of Korean Trade Unions, NCKTU) im Jahre 1990. Die Arbeiterbewegung dehnte sich auf andere Bereiche aus: Auch die Angestellten begannen, aktiv mitzuarbeiten.

Ende der 80er Jahre traten Arbeiterinnen, die immer noch unter Bedingungen litten, die wir uns kaum vorstellen können, nachdrücklicher für ihre Rechte ein und riefen zu solidarischen Aktionen von koreanischen Arbeitern und ausländischen Solidaritätsgruppen auf. (Zum Beispiel widersetzten sich die Angestellten von *YiLi Furea Fashion*, einer 100prozentigen Tochter einer deutschen Firma, dem deutschen Inhaber. Die Slogans im damaligen Arbeitskampf lauteten »Wiedereinstellung der entlassenen Arbeiter«, »Respektierung der Rechte der Arbeiter«, »Nieder mit der Regierung von Chon Doo Whan, die das deutsche Kapital unterstützt und die Arbeiterbewegung unterdrückt«.)[2]

Im Jahre 1992 gab es in der Branche etwa 6.500 Firmen. 87,5 Prozent hiervon waren kleine Unternehmen mit fünf bis 49 Mitarbeitern, die insgesamt fast die Hälfte aller Beschäftigten ausmachten.

Die Bekleidungsindustrie ist arbeitsintensiver als andere Branchen wie etwa die Chemie-, Metall- oder Autoindustrie, die in der koreanischen Wirtschaft im Zuge der industriellen Restrukturierung eine höhere Priorität erhielten. Der Gesamtumsatz und die Wertschöpfung in der Bekleidungsindustrie sind verglichen mit diesen Industrien sehr gering.

Die Bekleidungsindustrie hatte einen entscheidenden Beitrag zum koreanischen Wirtschaftswachstum geleistet, und doch war Anfang der 90er Jahre eine deutliche Wachstumsverlangsamung sowie sogar ein Rückgang des Exportes zu verzeichnen. Die gesamte Industrie wurde einer

[2] Ein solcher Fall war auch die Adler-Tochter in Südkorea – s. Dokumentation im Anschluß an diesen Beitrag – d.Hrsg.

Restrukturierung – stärkere Orientierung auf den Binnenmarkt und Erhöhung des technologischen Niveaus – unterzogen. Für die Konfektionsbranche und ihre einfache Technologie bedeutete dies vor allem die Verlagerung von Produktionsstätten. In den frühen 90er Jahren begannen die koreanischen Bekleidungsunternehmen, ihre Produktionsstätten hauptsächlich nach Südostasien und nach China zu verlagern.

Die Attraktivität dieser Länder besteht in ihren niedrigen Kosten, in der einfachen und problemlosen Verfügbarkeit von Arbeitskraft. Die dort billiger hergestellten Produkte kommen als Importe nach Korea zurück. Seit 1993 expandiert die koreanische Bekleidungsindustrie auch nach Zentralamerika zur Belieferung des US-amerikanischen Marktes[3] und sogar nach Afrika.

Die Restrukturierung der Branche brachte aber nicht nur den Verlust von Arbeitsplätzen, sondern auch eine nachlassende Teilnahme der Arbeiterinnen an der Gewerkschaftsarbeit. Gab es in Wachstumszeiten der koreanischen Modeherstellung ständig neue Aufträge von deutschen, britischen und amerikanischen Firmen, so vergeben diese Firmen nun, bedingt durch die ständige Suche nach billigerer Arbeitskraft, Aufträge in andere Länder – bisweilen ohne Vorankündigung und Entschädigung für die zurückbleibenden ArbeiterInnen. Schließen mußten in Korea hauptsächlich kleine und mittelgroße Unternehmen, die ja den Hauptteil der Bekleidungsindustrie ausmachten. Durch die vielen Betriebsschließungen wurde die Position der Gewerkschaften geschwächt und die Beschäftigungsverhältnisse der ArbeiterInnen schlechter und ungeschützter.

Obwohl die Arbeiterbewegung insgesamt stark geworden ist und die sozialen Reformen des Landes vorangetrieben hat, gehören die Arbeitszeiten der in der Bekleidungsindustrie verbliebenen ArbeiterInnen zu den längsten im produzierenden Gewerbe Koreas. Als einer der größten Bekleidungsexporteure der Welt ist die Wertschöpfung in dieser Branche gering, da sie im wesentlichen lediglich Zulieferer der großen Markenhersteller ist.

Derzeit hat die Modebranche sogar einen akuten Arbeitskräftemangel. Denn junge Frauen ziehen Erwerbsarbeit in anderen Sektoren wie zum Beispiel im Dienstleistungsbereich vor. Der Hauptgrund ist aber, daß die Arbeitsbedingungen der Bekleidungsindustrie immer noch zu den schlechtesten gehören. Auch die Heimarbeit nimmt zu – mit niedrigeren Löhnen als 1980. Oft arbeiten Mann und Frau zu Hause abwechselnd an einer Nähmaschine.

Eine Heimarbeiterin in Seoul sagte mir: »Wir haben große Schwierigkeiten. Mit dem traditionellen Bekleidungsmarkt ist es rapide abwärts ge-

---

[3] Vgl dazu die Beiträge zu Mittelamerika – d.Hrsg.

gangen. Aufträge über 10.000 Stück werden nach China oder Südostasien vergeben. Die Produktion von Bekleidung in der Umgebung von Seoul ist weniger konkurrenzfähig, da die Lohnkosten hier höher sind als in anderen Städten... Die großen und bekannten Einzelhändler haben sich obendrein selbst auf Produktion und Großhandel von Bekleidungsartikeln verlegt, und unsere früheren Hauptkunden aus der Provinz kommen nun seltener nach Seoul, um Aufträge zu vergeben.«[4] Dies ist eine der Auswirkungen davon, daß immer mehr Unteraufträge an eine immer größere Anzahl kleinerer Firmen vergeben werden. Die Vergabe von Unteraufträgen ist ein Mittel, um die Produktionskosten niedrig und die Produktion ›flexibel‹ zu halten. Die Kette der Unterauftragsvergabe reicht bis zur Heimarbeit.[5] Auch dieser sogenannte 3D-Bereich der Industrie (dirty, difficult, dangerous) sucht nach Arbeitskräften, da neue Arbeitskräfte der Bekleidungsindustrie fernbleiben.

Das Verhalten koreanischer Firmen im Ausland

Viele Südkoreaner sind gegenwärtig der Meinung, daß die Koreanische Gewerkschaftsföderation *KCTU* die gesellschaftliche Entwicklung tatsächlich in Richtung einer gesellschaftlichen Reform und für mehr Demokratie führen könnte.

In der neuen globalen Wirtschaft bewegt sich das Kapital auf der Suche nach Märkten schnell von einem Standort zum nächsten. Dadurch sehen sich auch viele *KCTU*-Mitglieder mit weniger Arbeit und höherer Arbeitslosigkeit konfrontiert. Das Verhalten koreanischer Unternehmen im Ausland wird daher als weniger relevant im Vergleich zu eigenen Problemen empfunden. Gleichwohl behandelt *KCTU* das Verhalten dieser koreanischen Unternehmen im Ausland und sieht dabei einen engen Zusammenhang zwischen dem undemokratischen politischen System Südkoreas und diesen koreanischen Multis.

Koreanische Unternehmen, die sich im Ausland engagieren, kommen aus vielen Industriesektoren und sind Klein-, Mittel- oder auch Großunternehmen. Besonders häufig sind Beschwerden weiblicher Beschäftigter in koreanischen Konfektionsbetrieben des Auslands zu hören.

In den 80er Jahren gab es Solidaritätsaktionen von ArbeiterInnen aus Nord und Süd gegen undemokratische Regimes. In den 90ern hat sich der

4 Genau dieser Trend wird auch aus Südafrika berichtet – vgl Artikel von Althea Macquene – d.Hrsg.

5 Parallelen zum Verlagssystem des letzten Jahrhunderts drängen sich auf . Vgl. auch Beitrag von Edna Bonacich aus USA. – d.Hrsg.

Schwerpunkt geändert: Jetzt werden multinationale Unternehmen unter Druck gesetzt, damit sie in Asien nicht auf Kosten der Bevölkerung agieren. Dies ist unter anderem deshalb schwierig, weil es noch keine langfristige Strategie der internationalen Solidarität bei Arbeitsproblemen gibt, keine Strategie der Arbeiterbewegung unter den Bedingungen der Globalisierung.

Wie kann die koreanische ArbeitnehmerInnenbewegung die Tätigkeit koreanischer Multis im Ausland beobachten und kontrollieren? Erstmals wurden 1995 am Beispiel von Indonesien die Verletzungen von Menschen- und Arbeiterrechten durch *KCA* (»Im Ausland agierende koreanische Unternehmen« untersucht. 1996 folgte China. Dadurch konnte Einblick gewonnen werden in die ausbeuterischen Arbeitsbedingungen des »Freien Marktes«: Unterschreitung des Minimallohns, überlange Arbeitszeiten, Nichtanerkennung der Gewerkschaften und der Rechte besonders von Arbeiterinnen. Es ergab sich der Eindruck, daß sich die dortige Situation gegenüber den Problemen der koreanischen Arbeiterinnen in den 70er Jahren noch verschlimmert hat. Als Mitglied in diesen Untersuchungen bemerkte ich oft ängstliche Blicke in den Augen der Arbeiterinnen, die nur sehr zurückhaltend und widerstrebend von ihren Lebensumständen erzählten. Tatsächlich haben die Arbeiterinnen Angst vor Repressionen der Arbeitgeber und Aufseher.

Auf der anderen Seite hatten auch nicht gewerkschaftlich engagierte Arbeitnehmer genaue Vorstellungen davon, wie ihnen durch Außenstehende geholfen werden könnte. Und wir trafen auch ArbeiterInnen, die daran glaubten, daß es notwendig ist, über die Arbeits- und Lebensumstände zu berichten, unabhängig von möglichen Konsequenzen. Einige wurden entlassen, als sie versuchten, ArbeiterInnen zu organisieren.

Wir sprachen zum Beispiel mit ArbeiterInnen des Konfektionsbetriebes *Great River* in Bogor/Indonesien, die entlassen wurden. Diese Fabrik produziert für eine sehr bekannte Marke. 1991 gab es dort einen Streik. Auslöser dafür waren unerträgliche Bedingungen, die über Jahre nicht verändert wurden, wie ein unzureichender offizieller Minimallohn, häufige Überstunden, kein Sozialversicherungssystem. Der Tages-Minimallohn sollte von rund 2,20 auf 4,25 Dollar erhöht werden, forderten die ArbeiterInnen 1996. Als wir sie fragten, was sie von uns erwarteten, sagten sie: »Wenn Ihr uns wirklich helfen wollt, sind das unsere Wünsche:

1) Macht unsere Arbeitsbedingungen und -kämpfe in Euren Ländern öffentlich.

2) Wir stellen für ausländische Märkte her. Bittet die Textilgewerkschaften dort, daß sie uns helfen, unsere Situation zu ändern.

3) Die indonesische Regierung sorgt nicht für die Durchsetzung ihrer eigenen Gesetze. Übt Druck auf Eure Regierungen aus, damit diese

Nichteinhaltung auf internationaler Ebene angeprangert wird. Werft öffentlich das Problem auf, daß unsere Regierungen mit den Investoren im Interesse ihrer Profite unter Geringschätzung unserer Rechte zusammenarbeiten.

4) Sagt uns, wie koreanische Arbeitnehmer gegen Verletzungen ihrer Arbeiterrechte kämpfen und wie sie sich organisieren.

5) Arbeitslose brauchen Geld zum Beispiel für Fahrtkosten, um für ihre Rechte einzutreten. Wenigstens die schlimmste finanzielle Not zu lindern würde unseren Kampf erleichtern.«

Verhaltenskodices für multinationale Unternehmen

Die Erfahrungen, die wir im ›Süden‹ in unseren Arbeitskonflikten und der länderübergreifenden Solidarität gesammelt haben, waren wichtig für AktivistInnen im Norden, die jetzt über Verhaltenskodices für Multis diskutieren. Wenn unsere Erfahrungen und unser Verständnis dessen, was gut für die Arbeiter im ›Süden‹ ist, nicht von den Initiativen und Kampagnen im ›Norden‹ aufgegriffen wird, werden die Intiativen wirkungslos für Arbeitnehmerinteressen im ›Süden‹ bleiben. In letzter Zeit war ein wichtiger Aspekt von Kampagnen die Betonung von Arbeiterrechten.

Verhaltenskodices sind ein wichtiges Instrument, um Arbeiterrechte an Hand von ILO-Konventionen zu schützen. Einige Multis werben mit eigenen Verhaltenskodices gegenüber solchen KonsumentInnen im Norden, die sich für die Herstellungsbedingungen der Produkte interessieren. Die Wirkung dieser Verhaltenskodices reicht jedoch meist nicht bis zu den Unterauftragnehmern in Asien. Außerdem wird die Durchsetzung dieser Verhaltensnormen nicht effektiv kontrolliert. Folglich kennen die ArbeiterInnen in den Produktionsstätten diese Kodices nicht einmal, und wenn sie sie kennen, vertrauen sie nicht darauf, daß ein Verhaltenskodex ihre Arbeitsbedingungen verbessern könnte. Viele sind überzeugt, daß diese Verhaltenskodices nur in den Führungsetagen der Multis und ihrer Public-Relations-Abteilungen relevant sind. Im Allgemeinen streben die Beschäftigten den Schutz ihrer Arbeiterrechte erst einmal auf nationalem Niveau an. Das schließt unter anderem die Einhaltung nationaler Arbeitsgesetze, nationaler sozialer Sicherungssysteme und nationaler Minimallohnvorschriften ein.

Internationale Mechanismen zum Schutz der Rechte von ArbeiterInnen sind Konventionen gegen Kinderarbeit, gegen Zwangsarbeit, für Koalitionsfreiheit und das Recht auf kollektive Verhandlungen. Für lokale Gruppen ist es dennoch nicht einfach, solche internationale Mechanismen lokal zu nutzen. Nationale und internationale Regelungen sollten gemeinsam zum Schutz der Arbeiterrechte eingesetzt werden. Ein größerer Schutz der Beschäftigten erfordert das Zusammenspiel verschiedener Mittel. Zusammen mit anderen Mechanismen können auch Verhaltenskodices ein Instrument zur Verbesserung des nationalen Arbeitsrechts und der Arbeitsbedingungen sein. So können Verhandelskodices von koreanischen Multis wie *Hyundai* und *Daewoo* genutzt werden, um die Arbeitsbedingungen in allen Zweig- und Zulieferbetrieben dieser Konzerne auch im Ausland zu verbessern, wenn es einen Zusammenschluß von Arbeitnehmervertretungen aus all diesen Firmen gibt. Besonders wenn nationale Arbeitsgesetze z.B. in einem Zulieferbetrieb hinter dem Verhaltenskodex des Mutterkonzerns zurückbleiben, kann die Belegschaft bessere als die national vorgeschriebenen Bedingungen erkämpfen. In Indonesien und China gibt es beispielsweise keine unabhängigen Gewerkschaften. Hier könnte das Recht auf Organisation und kollektive Verhandlungen mit Hilfe des Verhaltenskodex eines dort produzierenden internationalen Konzerns durchgesetzt werden.

Gegenstand eines Verhaltenskodex sollten neben dem Recht auf gewerkschaftliche Aktivitäten am Arbeitsplatz, das keineswegs automatisch gewährt wird, auch Gesundheits- und Arbeitsschutzbestimmungen sein. Diese sind in nationalen Gesetzen in Asien nicht enthalten.

Cha Mi Kyung bei Bettina Musiolek auf der Durchreise vom Gewerkschaftstreffen in Rom

Können Verhaltenskodices Arbeitsbedingungen durchgreifend verbessern?

Gerade jetzt, da viele Multis im Norden für ihre Verhaltenskodices werben, müssen Initiativen wie die *Kampagne für ›saubere‹ Kleidung* auf deren Umsetzungskontrolle drängen. Nachdem die Kampagne einiges in dieser Richtung unternommen hat, haben Unterauftragnehmer begonnen, die Verhaltenskodices am Arbeitsplatz bekannt zu machen.

Nur durch fortwährende Anstrengungen von regierungsunabhängigen Organisationen und Kampagnen können von den Verhaltenskodices positive Auswirkungen auf die Arbeitsbedingungen ausgehen. Das Hauptproblem sehen diese Organisationen in der unabhängigen Kontrolle der Kodex-Durchsetzung. So wie Firmen unabhängige Buchprüfer akzeptieren, müssen sie auch einer unabhängige Prüfung des Verhaltenskodex zustimmen, bevor sie damit werben können. Zu den Institutionen, die diese unabhängige Kontrolle leisten sollen, müssen in Fragen der Arbeitsbedingungen erfahrene und kompetente Gruppen des betreffenden Landes gehören. Sonst kann eine Kontrollinstanz die Einhaltung eines Kodex nicht wirklich verifizieren. Anders können Praktiken nicht verhindert werden, die zum Beispiel Unterauftragnehmer vorwarnen, wenn Kontrollen kommen, die Kinderarbeit entdecken sollen, so daß dieser die Kinder für den Tag nach Hause schicken kann. Anders kann auch nicht verhindert werden, daß Unternehmen ihre Herstellungsbedingungen schönfärben.

Verhaltenskodices haben nicht oberste Priorität für Gewerkschaften. Besonders Arbeiterinnen sollten den Schwerpunkt auf die Ausprägung ihrer Autonomie und ihres Selbstbewußtseins als *Subjekte* der Gesellschaft legen.

1987 – Protest gegen Ausbeutungspraktiken der südkoreanischen Tochterfirma von »Adler«

»Mode zu unverschämt billigen Preisen«. So pries das Bekleidungsunternehmen *Adler* in den achtziger Jahren seine Ware an. Kaum eine, die sich damals wie heute so anziehen läßt, ist sich dessen bewußt, woher das gerade erstandene gute Stück stammt und welche unternehmerischen Praktiken sie damit in Kauf nimmt. Im Falle Adler bekamen die unverschämt billigen Preise 1987 dank Terre des Femmes und der koreanischen Frauengruppe Berlin in der Öffentlichkeit bald eine neue Bedeutung:

Im Adlerwerk Iri, Südkorea, arbeiteten Frauen in schlecht gesicherten und belüfteten Fabrikhallen zehn bis zwölf Stunden täglich zu Hungerlöhnen an den Nähmaschinen, um der Nachfrage in den deutschen Modehäusern nachzukommen. Keine Gewerkschaften durften gegründet werden und die Arbeiterinnen waren häufig sexuellen Übergriffen der Vorgesetzten ausgesetzt. Bis sie 1987 in Streik traten und in Berlin um Unterstützung baten. Die Forderung nach Lohnerhöhungen wurde vom dortigen Niederlassungsleiter mit Entlasssungen quittiert. Durch öffentlichen Druck und Gespräche mit der Firmenleitung hier konnte schließlich erreicht werden, daß die wichtigsten Forderungen der Arbeiterinnen erfüllt wurden.

Henrike Henschen

Terre des Femmes Aktion in Esslingen am 25.7.1987
Foto: Andi Lobe

Regine Grienberger / H.I. Samanmali

»Mit derselben Selbstachtung zurückkehren...«

Frauenarbeit im Investitionsparadies Sri Lanka

Die elende Lage der Bekleidungs- und LederarbeiterInnen in der sri lankischen Freihandelszone Katunayaka schildert im folgenden Interview eine junge Frau, deren Identität aus Furcht vor dem Verlust des Arbeitsplatzes anonym bleiben muß. Katunayaka wurde Ende der 70er Jahre gegründet und ist eine der beiden freien Produktionszonen des Landes. Heute sind dort über 60.000 Menschen beschäftigt, 90 Prozent davon Frauen.

Das Interview wurde lediglich zum besseren Verständnis überarbeitet Die befragte junge Frau arbeitet bei Atlas Gloves Ltd., einer Lederwarenfabrik. Die Fragen stellte H.I. Samanmali *vom Da Bindu Collective for Women, Ja-Ela, Sri Lanka.*

Wo sind Sie geboren?
Ich komme aus Vavuniya, das liegt ungefähr 230 km von der Freihandelszone entfernt. Mein Vater ist tot. Meine Mutter lebt von der Landwirtschaft. Mein älterer Bruder und meine ältere Schwester sind schon verheiratet. Wir Geschwister schicken jeden Monat etwas Geld nach Hause.

Wann und warum haben Sie bei Atlas angefangen?
Ich habe vor acht Jahren bei Atlas begonnen. Eigentlich wollte ich nicht in der Freihandelszone arbeiten, aber ich mußte, um Geld zu verdienen. Ich bin alleinstehend und muß mich um meine Mutter kümmern. Ich wollte hier etwas Geld für die Zukunft beiseitelegen.

Was stellt die Firma her?
Handschuhe für den Export nach Hongkong und den Philippinen. Die Handschuhe werden an Großhändler verkauft, und auf den Etiketten steht »Importiert aus den Philippinen«.

Wieviele Personen sind bei Atlas beschäftigt?
Mehr als 4.000 Personen. Nur zwei Prozent davon sind Männer, die meist in Führungspositionen arbeiten und entsprechend bezahlt werden.

Sind Sie mit ihrer Arbeit in der Freihandelszone zufrieden?
Ja. Am Anfang fiel es mir schwer, mich an die Massenunterkünfte zu ge-

wöhnen. In der Freihandelszone mußte ich zwangsläufig allen Anforderungen entsprechen. Meine Mutter half mir, damit fertigzuwerden. Jetzt habe ich einige Ersparnisse zurückgelegt. Ich möchte damit in mein Dorf zurückkehren, mit derselben Selbstachtung, mit der ich hergekommen bin.

Welche Ausbildung haben Sie?
Ich habe einen Hauptschulabschluß. Damals wurden die Schulen wegen der Aufstände (der Tamilen, d.Hrsg.) geschlossen. Die Situation war sehr schwierig. Wir verließen die Schule und suchten in der Freihandelszone Arbeit.

Was hält man denn in Ihrem Dorf davon, daß Sie in der Freihandelszone arbeiten?
Das ist unterschiedlich. Manche Männer wollen keine Frau heiraten, die in der Freihandelszone arbeitet, während andere diese Frauen sogar bevorzugen, weil sie meinen, sie hätten etwas Geld.

Werden die Bestimmungen des Arbeitsrechts in der Freihandelszone eingehalten?
Nein. Die Arbeitsgesetze werden selten umgesetzt. Gewerkschaften sind hier verboten, es gibt nur sogenannte Ausschüsse. Diesen Ausschüssen gehören von den Arbeiterinnen gewählte Vertreterinnen an, jeweils eine pro Abteilung. Die Firmenleitung entsendet eigene Vertreter. Von der Arbeitgeberseite gibt es weniger Vertreter als von den Arbeiterinnen. Wir können damit in allgemeinen Fragen etwas erreichen, z.B. was Verpflegung, Essenspausen und sanitäre Einrichtungen betrifft. Da die Ausschüsse aber nicht unabhängig sind, bleiben die meisten Probleme ungelöst. Bei Arbeitsunfällen und der Verkürzung der Arbeitszeiten haben die Ausschüsse keinen großen Einfluß. Meist wird nur etwas gegen die Probleme der Firmenleitung getan.

Gibt es Arbeitsverträge?
Jede Arbeiterin erhält einen Anstellungsvertrag, in dem alle Bedingungen des Arbeitsverhältnisses und Vorschriften für das Verhalten in der Fabrik aufgeführt sind. Seit 1993 werden Verträge abgeschlossen, die keinen Hinweis auf die Unterstützungskasse für Arbeiterinnen enthalten.

Wie sind die Arbeitsbedingungen bei Atlas?
Wir arbeiten regulär acht Stunden am Tag, fünf zusätzliche Überstunden sind Pflicht. Wenn dringende Aufträge kommen, dürfen wir nicht nach Hause gehen. Dann haben wir nur eine Viertelstunde Teepause. Normalerweise bekommen wir in der Fabrik ein kostenloses Frühstück. Wenn wir nachts durcharbeiten müssen, gibt es manchmal Abendessen in der Fabrik.

Kommen Sie bei der Arbeit mit giftigen Substanzen in Berührung?
Da wir mit Leder zu tun haben, werden unsere Fingerspitzen in der Regel rissig. Das ist normal, und es gibt keine Möglichkeit, das zu verhindern[1].

Gibt es einen firmeninternen Gesundheitsdienst?
Wir werden in ein Krankenzimmer geschickt, wenn wir krank sind, aber dort gibt es keinen Arzt, sondern nur eine Krankenschwester. In Notfällen werden wir ins nächste Krankenhaus gebracht. Medikamente, die eine kranke Frau bekommt, werden ihr vom Lohn abgezogen. Programme zur Familienplanung gibt es nicht. Der staatlich vorgeschriebene dreimonatige bezahlte Mutterschaftsurlaub wird gewährt; falls man möchte, kann man zwei Wochen davon vor der Geburt nehmen. Kinderkrippen sind nicht vorgesehen.

Gibt es andere soziale Einrichtungen?
Bei einem Arbeitsunfall innerhalb der Fabrik wird Unfallgeld bezahlt. Jeder Arbeiterin werden für einen Wohlfahrtsausschuss acht Rupien im Monat vom Lohn einbehalten. Davon wird zum Beispiel bei Beerdigungen eine finanzielle Unterstützung gewährt.

Werden die Arbeiterinnen sexuell belästigt?
Wir haben von Fällen sexueller Belästigung gehört. Manchmal kommt das vor, z.B. in den überfüllten Bussen auf dem Weg zur Arbeit. Aber darüber spricht man nicht, um nicht das Gesicht zu verlieren.

Wurde in der Freihandelszone schon einmal gestreikt?
Es gab Streiks. Einmal dauerte ein Streik einen Monat und drei Tage. Aber damit waren wir nicht erfolgreich. Zwölf Arbeiterinnen wurden deswegen entlassen.

Wollen sich die Arbeiterinnen nicht organisieren?
Die Arbeiterinnen sind untereinander nicht einig und zögern, sich zusammenzuschließen. Das Wichtigste für meine Kolleginnen ist der Verdienst, und sie sehen deshalb nicht, weshalb es notwendig sein soll, sich zu organisieren. Wenn ein Problem auftaucht, halten sie es nicht für ein gemeinsames Problem, und denken, jede muß selbst damit fertigwerden. So muß jede von uns sehen, daß sie durchkommt. Auch ich habe nur ein Ziel: Meine Arbeit zu tun, bis der Zeitpunkt gekommen ist, wo ich ein bißchen Goldschmuck und Möbel kaufen kann.

---

[1] Im Mai 1997 wurden in einer anderen Fabrik in der Freihandelszone Biyagama Arbeiterinnen vom Umgang mit den Chemikalien bei der Lederverarbeitung schwer krank, einige starben sogar. Dies meldete die Frauenkollektivszeitung »Da Bindu Newsletter«.

»Sri Lanka bietet Ihnen die am besten ausgebildeten und produktivsten Fach- und Hilfsarbeitskräfte der Region. Alle Arbeiter haben Grundschulausbildung genossen, mehr als 90 Prozent der Bevölkerung können lesen und schreiben.(...) Sri Lankas Arbeiter und Arbeiterinnen sind jung, intelligent und lernwillig. Die meisten Arbeiter und Arbeiterinnen sprechen Englisch (...).

Sri lankische Arbeiter und Arbeiterinnen sind qualitätsbewußt und darin geübt, Tätigkeiten auszuführen, die ein hohes Maß an Sorgfalt und Präzision erfordern . (...) All das stellt produktive Arbeitskräfte in Sri Lanka sicher, die genauso viel leisten können wie in anderen Ländern, aber zu wesentlich geringeren Kosten. Viele ausländische Unternehmen haben bereits begriffen, daß sie mit Hilfe der sri lankischen Arbeiter und Arbeiterinnen eine hohe Qualität und Produktivität erreichen können und lassen hier für die nachfragestarken Märkte in den USA, Deutschland, Schweiz, Japan und Korea produzieren.«

Aus: *Sri Lanka Board of Investment,*
Internet Homepage, 13. Juni 1997.

Investitionsparadies

Der Textil- und Bekleidungssektor ist Sri Lankas wachstumsstärkste Branche. Sie steuert etwa 30 Prozent zum Bruttoinlandsprodukt bei und beschäftigt (bei einer Bevölkerung von 18 Millionen Menschen) formal rund 760.000 Arbeitskräfte, weit überwiegend Frauen. Für die Frauen der größten Volksgruppe Sinhalesi stellt die Arbeit in der Bekleidungsindustrie sowohl in den Freihandelszonen als auch außerhalb oft die einzige Möglichkeit dar, Geld zu verdienen. Die sri lankische Bekleidungsindustrie ist stark exportorientiert, sie führt jährlich Waren im Wert von 1,5 Mrd. US-Dollar aus. Die Regierung erwartet bis zum Jahr 2000 eine Steigerung der Exporte auf rund 3,5 Mrd. US-Dollar – das bedeutet: mehr Fabriken und ausländische Unternehmen, die mit der Einrichtung von Freihandelszonen unter Verwaltung der halbstaatlichen Greater Colombo Economic Commission geködert werden sollen. In den Freihandelszonen arbeiten etwa 100.000 Menschen, Sri Lankas wichtigste wirtschaftliche Ressource. Arbeit ist in Sri Lanka sogar im Vergleich zu den südostasiatischen Nachbarländern billig zu haben. Hohe Arbeitslosigkeit und eine allgemein schlechte wirtschaftliche Lage drücken die Löhne, auch für qualifizierte Arbeitskräfte. Das *Sri Lanka Board of Investment* als staatliche Agentur zur Investitionsförderung wirbt bei ausländischen Investoren damit, daß sie in Sri Lanka »gut ausgebildete und lernbereite« Arbeitskräfte für einen Bruchteil der Lohnkosten anderer Standorte einkaufen können. Verschiedene Fachschulen und die auf Textilproduktion spezialisierte Universität von Moratuwa versorgen den Sektor mit vergleichsweise billigen einheimischen (männlichen) Führungskräften.

Zusätzlich bieten staatliche Investitionsförderprogramme mit ermäßigten Steuersätzen und mehrjährigen Steuerstundungen, wie z.B. im *200 Garment Factory Programme* (Programm für 200 Fabriken der Bekleidungsindustrie), eine reizvolle Kulisse für ausländische Unternehmen. Die Regierung gewährleistet außerdem die Freistellung von Importzöllen und -steuern und den unbeschränkten Abfluß der erwirtschafteten Gewinne. Die zunächst staatlichen Spinnereien, Strickereien und Webereien wurden nach 1991 privatisiert. Gewerkschaften innerhalb der freien Produktionszonen sind verboten, aber auch außerhalb der Zonen kommen sie ihren Aufgaben nicht angemessen nach. Zum sogenannten ›geschäftsfreundlichen‹, wirtschaftlich liberalen Umfeld trug der Staat außerdem durch die Modernisierung von Infrastruktur und Telekommunikationswesen bei – und tatsächlich: In den vergangenen Jahren zog es eine große Zahl amerikanischer, australischer, britischer, dänischer, schweizer, deutscher und japanischer Niederlassungen nach Sri Lanka, aber auch Firmen aus Indien, Singapur und Korea. Aber der von der Regierung gewünschte und erwartete Technologietransfer fand wegen des zu großen Abstands zwischen in- und ausländischer Technologie in aller Regel nicht statt.

Nebenwirkungen des Wirtschaftsbooms

Die Regierung versuchte, die Firmen im ganzen Land zu verteilen, diese aber bevorzugten die Kumulierung der Betriebsstätten in Flughafennähe; für sie vorteilhaft, aber für das Gastgeberland Sri Lanka strukturell äußerst ungünstig. Rund um diese Industriezonen bildeten sich bald sogenannte *Boarding Zones*, ein El Dorado der Grundbesitzer und Hauseigentümer, die schnell und provisorisch hochgezogene Unterkünfte zu gutem Preis an die Arbeiterinnen vermieten können. Dort leben die Frauen zu acht in einem acht Quadratmeter kleinen Raum, 40 Frauen benutzen eine Toilette und eine Küche. In den slumähnlichen Wohngebieten fehlt meist die reguläre Wasserversorgung, stattdessen versorgen sich die Frauen aus Brunnen, die nicht selten durch Sickerwasser aus der Kloake oder Waschwasser verseucht sind. Die Lebensbedingungen in den Boarding Zones können nur als völlig unhygienisch und unzureichend bezeichnet werden.

nen verboten sind. Anlässe für Arbeitskämpfe sind immer wieder erzwungene Überstunden, Unregelmäßigkeiten bei Bonus- und Überstundenbezahlungen, ungerechtfertigte Entlassungen und die Verweigerung von Urlaub für nationale Feiertage. Einige der Streiks waren erfolgreich und konnten von den Firmen die entsprechenden Zugeständnisse erzwingen. Öfter aber endeten Streiks in Entlassungen der beteiligten ArbeiterInnen. Im Fall der Hongkonger Textilfirma *Smart Shirts*, die ebenfalls in Sri Lanka produziert, eskalierte im Jahr 1992 der Konflikt, der mit einem Streik für die Anhebung der Löhne auf das gesetzliche Mindestniveau begann. Die Klage der bei dem brutalen Polizeieinsatz verletzten ArbeiterInnen wurde bei Gericht nach drei Jahren abgewiesen.

Die Niederlagen bei den Arbeitskämpfen sind wesentlich zahlreicher als die Siege. In der Stärkung der Rolle der Gewerkschaften sehen die ArbeiterInnen deshalb den entscheidenden Schritt zur Durchsetzung besserer Arbeitsbedingungen. Seit 1994 wird ihnen die Einführung einer *National Labour Charta* versprochen, die ihre Rechte offiziell festhalten soll; bisher warten die Frauen vergebens.

Das *Board of Investment*, der Betreiber der Freihandelszonen, wirbt nicht nur mit billigen und willigen Arbeitskräften. Es sorgt auch dafür, daß das so bleibt: Es hat die Verantwortung für die Beilegung von Arbeitskonflikten und die Zulassung von Gewerkschaften in den Zonen. Damit können die Arbeitsgesetze Sri Lankas willkürlich gehandhabt werden, ohne sie ausdrücklich ausschließen zu müssen.

Frauen helfen sich selbst

Obwohl die Notwendigkeit, sich zu organisieren, bei weitem noch nicht allen Arbeiterinnen in der Bekleidungsindustrie bewußt ist, haben sich Gruppen etabliert, welche die Belange der Frauen vertreten und für ihre Bedürfnisse eintreten. Die Frauengruppen kämpfen um das Recht, sich öffentlich zu äußern, denn ihre Arbeit wird sowohl von der Regierung als auch von den Firmen als subversiv betrachtet und von beiden Seiten strikt abgelehnt. Viele Arbeiterinnen in der Bekleidungsindustrie haben Angst, sich einer solchen Gruppe anzuschließen oder auch nur in Kontakt mit ihr zu treten, z.B. beim Lesen einer Frauenzeitung oder durch den Besuch eines Informationsabends.

Das *Da Bindu* Frauenkollektiv setzt sich seit 1984 für die Arbeiterinnen in der Bekleidungsindustrie in den Freihandelszonen *Katunayaka* und *Biyagama* ein, organisiert für sie in den Abend- und Nachtstunden Unterricht in Fragen der Ernährung und Gesundheit und versucht, ihr Bewußtsein für ihre Rechte zu entwickeln und zu stärken. Viele der Arbeiterinnen kennen ihre elementaren Rechte nicht, wissen nicht, daß sie Anspruch auf Mutterschutz haben, oder daß sie sich gegen sexuelle Belästigung und Vergewaltigung wehren können – obwohl die meisten von ihnen eine gute Schulausbildung genossen haben.

Da Gewerkschaften in den Freien Produktionszonen verboten sind, entwickeln die Arbeiterinnen in der Bekleidungsindustrie kaum Gemeinsamkeitsgefühl. Jede steht für sich allein und ist dem Druck der Firmenleitung ausgesetzt, dem eine allein nicht standhalten kann.

Die Frauengruppen verbreiten deshalb den Gedanken, daß die Arbeiterinnen »das Herzblut der Unternehmen« sind, ohne die jene ihre Gewinne nicht erwirtschaften könnten, an denen die Frauen aber nicht teilhaben. Im Gegenteil: die Arbeiterinnen können es sich nicht leisten, die Kleider zu kaufen, die sie selbst zum Hungerlohn nähen, so groß ist die Preisspanne bereits in Sri Lanka selbst.

Über die Fensterreden der einheimischen Politiker am Tag der Arbeit, dem 1. Mai, sind die Frauenaktivistinnen mehr als unzufrieden. Die Frauengruppen bemühen sich deshalb, Kontakte »nach draußen« herzustellen, um ihre Anliegen in den Ländern zu thematisieren, in denen die Kleider aus Sri Lanka verkauft werden. Die Kontakte zur europäischen *Clean Clothes Campaign* werden von den Arbeiterinnen in der Bekleidungsindustrie als sehr nützlich und effektvoll betrachtet, und sie behaupten, von den Begegnungen viel gelernt und in die eigene Arbeit eingebracht zu haben. Sie hoffen auch, die Bewegung auf der KonsumentInnenseite in Gang zu halten, die am anderen Ende der textilen Kette gerechte Lebens- und Arbeitsbedingungen fordert.

Frauen schuften für deutsche Handelshäuser 1996 und 1901

»In der Biyagama Free Trade Zone befindet sich der Betrieb Ranmalu. Er ist Eigentum eines Schweizers, und zwar in einem Jointventure mit dem Betrieb *President Fashions* aus Hongkong. Ranmalu produziert hauptsächlich für den *OTTO-Versand* sowie für das französische *La Redoute*.«
»In einer Fabrik auf Sri Lanka arbeiten 500 Menschen. Von der gesamten Produktion sind 70 Prozent bis 75 Prozent für *C&A* vorgesehen.«
»*Dialtex* in der Katunayaka-Freihandelszone auf Sri Lanka ist ein 100prozentiges Tochterunternehmen von *Ahlens* (...) .«
»Im September 1995 veröffentlichte *Da Bindu*, eine Organisation von und für Frauen, die in den Freihandelszonen Sri Lankas arbeiten, eine Studie über die Gesundheit der Bekleidungsarbeiterinnen. Die Studie dauerte ein Jahr und wurde unter ungefähr 350 Frauen, die in den diversen Zonen (Katunayaka, Biyagama und Galle) tätig sind, abgehalten. Die Studie ergab folgendes: Unterernährung, geschwollene Gelenke, Schmerzen im Brustbereich und Kopfschmerzen (wegen des Staubs) kommen häufig vor. 53 Prozent der befragten Frauen haben Ernährungsprobleme. 60 Prozent haben einen zu niedrigen Blutdruck oder eine schlechte Blutzirkulation. 63 Prozent sind unterernährt. Die damit zusammenhängenden Symptome, wie das Gelblichwerden der Zähne, vergrauende Haare oder Haarausfall und Hauterkrankungen sind ebenfalls weit verbreitet. 90 Prozent haben Kopfschmerzen, 90 Prozent haben Probleme an den Augen. 24 Prozent leiden an Rückenschmerzen. 20 Prozent haben abtreiben müssen, um nicht gekündigt zu werden. (Abtreibungen sind illegal, werden aber angeboten. Eine erbärmlich ausgeführte Abtreibung kostet 750,- INR und eine bessere 2.500 INR während der Monatslohn einer Arbeiterin bei 2.000 INR liegt.) Als Ursachen für die Gesundheitsprobleme werden genannt: Trinken ungeklärten Wassers, keine gute Ernährung, chemischen Stoffen ausgesetzt sein, Lärm, Verschmutzung, Schlafmangel und unregelmäßige Schlafrythmen.«

Aus: Kleidung im Geschäft – des Handels Wandel. Eine Ausgabe der Kampagne Saubere Kleidung von Ineke Zeldenrust und Janneke van Eijk, S. 13, 16, 19

»Und nun jener eigentlichste Frauenberuf: die Maschinennäherin! In gebückter Stellung sitzen die Armen an ihrer rasselnden Tyrannin, unausgesetzt bewegen sich die Beine auf und nieder, Junge und Alte, Kranke und Gesunde - alle glauben sich fähig zu dieser mörderischen Arbeit, die schließich auch die stärkste Kondition untergräbt. Ein Lyoner Fabrikant sagte einmal: ›Ich beschäftige nur Mädchen von sechzehn bis achtzehn Jahren an der Nähmaschine, sind sie erst zwanzig, so sind sie reif für's Hospiz.‹ Und er hat nicht übertrieben. Die Bleichsucht in all ihren Stadien, Unterleibsleiden, Lageveränderungen der Gebärmutter, die eigene Mutterschaft unmöglich machen, neurasthenische Erkrankungen aller Art, suchen die Frauen heim als böse Gäste.«

Lily Braun, 1901, in ihrer Untersuchung Die Frauenfrage.*In: Dokumente zu 150 Jahren Frauenarbeit in der Textil- und Bekleidungsindustrie, Gewerkschaft Textil-Bekleidung/GTB, 1981*

Henrike Henschen

Gewerkschaftsarbeit in Bangladesch: Ein freier Tag pro Woche!

Bengalen war einst berühmt für seine feinen Stoffe. Aber schon im letzten Jahrhundert wurde das traditionelle Weberhandwerk von den britischen Kolonialherren zerstört, um neue Absatzmärkte für die Stoffe aus Manchester und Birmingham zu schaffen. Heute lohnt sich die Bekleidungsherstellung in dem Land, das seit 1972 Bangladesch heißt, für die Investoren aus Europa wieder. Bangladesch ist eines der ärmsten Länder der Welt geworden und der Produktionsfaktor Arbeit kostet dort so gut wie nichts. Dank ausländischem Kapital boomt die exportorientierte Bekleidungsindustrie in den Freihandelszonen. In Bangladesch gab es vor 20 Jahren 20 Bekleidungsunternehmen, inzwischen sind es rund 2.500, davon allein 1.300 in der Hauptstadt Dhaka. Viele von ihnen pflegen, direkt oder über Zwischenhändler, Verbindungen zu europäischen Einzelhandelsketten, denn die fertigen Hemden, Kleider, Röcke und Hosen werden fast alle in die Länder der Europäischen Union, ein kleinerer Teil in die USA und nach Kanada geliefert. *GK Garments* und *Global* in Dhaka z.B. nähen zum großen Teil für *Hennes & Mauritz*. Rund 60 Prozent der Exporterlöse erwirtschaften die Bekleidungshersteller. Und sie beschäftigen 1,5 Millionen Menschen, meist junge Frauen unter 24 Jahren, aber auch Kinder.

Arbeitszeiten: Ruhepausen gibt es nicht

Ein Arbeitsplatz in der Bekleidungsindustrie, das bedeutet für eine Näherin in Bangladesch in der Regel eine sieben Tage Woche mit einer täglichen Arbeitszeit von 12 bis 16 Stunden. Ein arbeitsfreier Tag ist zwar gesetzlich vorgesehen, wird in der Realität jedoch kaum eingehalten. Die ArbeiterInnen in den Bekleidungsfabriken stehen unter dem Druck, ständig zu produzieren. Mit ihrem Verdienst stehen die TextilarbeiterInnen am unteren Ende der Einkommenspyramide. Zwar gibt es seit 1994 in Bangladesch einen gesetzlichen Mindestlohn, er liegt jedoch für die Bekleidungsbranche bei umgerechnet 23 US-Dollar pro Monat und damit 17 Dollar tiefer als in allen anderen Sektoren. Und selbst dieser Minimallohn ist den Frauen nicht sicher: Die tatsächliche Bezahlung einer Näherin beträgt gewöhnlich nur zehn bis zwölf Dollar im Monat, häufig bis zu drei oder gar fünf Monaten später ausbezahlt. Das reicht noch nicht einmal, um sich vernünftig zu ernähren. Die mangelhafte Ernährung ist nicht das einzige, was die Frauen krank macht. Zur regulären Arbeitszeit von 8 bis 22 Uhr kommen oft erzwungene Überstunden. Bangladeschs Arbeitsgesetze schreiben eine Höchstarbeitszeit von 60 Stunden in der Woche vor. Um diese Regelung zu umgehen, werden außer der Mehrarbeit abends und nachts auch die Arbeitsstunden am Freitag, dem muslimischen Feiertag, als Überstunden deklariert. Allerdings erhalten die Beschäftigten nicht, wie im Gesetz vorgesehen, den doppelten Stundensatz, sondern nur wenig mehr.

»Die Arbeitsbedingungen sind menschenunwürdig«, kommentiert Amirul Haque Amin, Vorsitzender der unabhängigen Textilgewerkschaft *National Garment Workers Federation* (NGWF). »Da die ArbeiterInnen keine Möglichkeit haben, sich von der strapaziösen Arbeit zu erholen, werden sie extrem krankheitsanfällig. Sie verlieren ihr psychisches Gleichgewicht. Sie isolieren sich und sind nicht mehr in der Lage, regelmäßige soziale Kontakte oder ein Familienleben aufrechtzuerhalten«, heißt es in einer Petition der Gewerkschaft für bessere Arbeitsbedingungen, mit der sie sich ans Arbeitsministerium gewandt haben. Die National Garment Workers Federation hat die Forderung nach einem freien Tag pro Woche an den Beginn ihres Kampfes für bessere Arbeitsplätze in der exportorientierten Bekleidungsindustrie gestellt.

Produktionsstätten: Höchstleistungen auf kleinstem Raum

Die Fabrikhallen, in denen die TextilarbeiterInnen ihre Tage zubringen, sind eng und schlecht belüftet. Dicht gedrängt sitzen die ArbeiterInnen an den Nähmaschinen und führen kleinste Arbeitsschritte aus. Zum Beispiel Knopflöcher: Sieben Stück pro Hemd, hundert Hemden pro Stunde. Oder Kragen an Rückenteile: 60 Stück pro Stunde, 700 am Tag. Weder Kantine noch irgendwelche Aufenthaltsräume stehen den ArbeiterInnen zur Verfügung. Ihre Mittagspause verbringen die Beschäftigten oft auf dem Dach. Es gibt viel zu wenige Toiletten und die Gänge sind mit Kartons und Verpackungsmaterial verstellt. In einem vierstöckigen Fabrikgebäude haben auf diese Weise vier Textilbetriebe mit einer Belegschaft von jeweils mehreren hundert ArbeiterInnen Platz. Ein einziger Ausgang führt ins Freie. Diese Enge kann zur tödlichen Falle werden: 1996 sind bei einem Brand in zwei Textilfabriken in Dhaka 13 junge Frauen umgekommen. Sie starben bei der panischen Flucht, die das Feuer ausgelöst hatte.

Eine moderne Form der Sklaverei

»Das Leben der Textilarbeiterinnen kommt einer modernen Form der Sklaverei gleich. Erschöpfende Arbeit unter Zwang, zeitlich unbegrenzt und nicht planbar«, faßt Amirul Haque Amin die Bedingungen, unter denen die Beschäftigten in den Bekleidungsbetrieben arbeiten, zusammen. Hinzu kommt, daß die ArbeiterInnen über keinerlei Arbeitsunterlagen verfügen, die ihnen Krankenversicherung oder Altersversorgung zugänglich machen würden. Die Unternehmer entlassen ihre Beschäftigten ins Nichts, sobald sie arbeitsunfähig werden. Auch im Falle einer Schwangerschaft. Das gilt umso mehr, da den Frauen neben ihrer Arbeit keine Zeit für Familienkontakte und die Hausarbeit bleibt. In den traditionellen Familienstrukturen führt das zu schwerwiegenden Konflikten mit den Angehörigen und oft zum Bruch. Die Frauen werden zwischen den beruflichen und traditionellen Anforderungen zerrieben. Viele von ihnen kommen aus ländlichen Regionen. Sie suchen sich in der Nähe der Arbeitsstätte eine Bleibe. Um die Freihandelszonen haben sich riesige Slumsiedlungen gebildet. Dorthin müssen sie zu jeder Tages- und Nachtzeit zu Fuß zurückkehren, da es keinen Zubringerdienst gibt. Und das ist gefährlich, vor allem nach der Lohnauszahlung.

Gewerkschaftsarbeit mit Hindernissen

Von diesen untragbaren Bedingungen bei Lohn, Arbeitsplatz, Gesundheit und Sicherheit der ArbeiterInnen berichtete Amirul Haque Amin bei seiner Europa-Rundreise, die er auf Initiative der *Clean Clothes Campaign* im Mai 1996 angetreten hatte. Er sprach in diesem Zusammenhang auch von den Schwierigkeiten der ArbeiterInnen, sich zu organisieren und so Verbesserungen durchzusetzen. Das hängt zum einen mit den langen und nicht planbaren Überzeiten zusammen. Wer trotzdem die Energie und Zeit aufbringt, Leute zu versammeln, muß in den Betrieben darüber hinaus mit Repressalien und gar Entlassung rechnen. Niedrige Arbeitsstandards machen die Ware billiger und zu den Gewinninteressen der ArbeitgeberInnen kommt der Druck der mächtigen Einzelhandelsketten aus dem Norden, denen billige und gefügige Arbeitskräfte in Bangladesch stattliche Gewinnspannen ermöglichen. Sobald es in anderen Ländern die gleichen Leistungen zu noch niedrigeren Preisen gibt, können die Aufträge ohne große Verluste dorthin vergeben werden. Seitens der Handelsketten ist das einfache Risikobegrenzung und Angebotsvergleich und scheint vielen nicht mehr als recht und billig zu sein. Welche Art von Arbeitsbedingungen hinter dem Hemd mit einem Einkaufspreis von fünf Mark stehen, kümmert im ›fernen Europa‹ wenige. Und zwischen den Ländern, die auf die Bekleidungsherstellung setzen, um die Wirtschaft anzukurbeln und die Kreditkriterien des Internationalen Währungsfonds zu erfüllen, besteht ein gnadenloser Verdrängungswettbewerb auf Kosten der Armen.

Internationale Vernetzung

Amirul Haque Amin arbeitet seit ein paar Jahren mit der *Clean Clothes Campaign* in Europa zusammen. »Wir können wichtige Informationen austauschen«, sagt er. Zum Beispiel können die komplexen Verbindungen zwischen den Produktionbetrieben in Bangladesch und ihren AuftraggeberInnen auf der Nordhalbkugel, die oft über mehrere Zwischenhändler bestehen, entwirrt werden. Wichtig ist für ihn auch, eine internationale Lobby für die Rechte der bengalischen ArbeiterInnen zu mobilisieren. Das heißt, in Europa KonsumentInnen aufzuklären, die ihrerseits Druck auf die Einzelhandelsketten ausüben. Ein politisches Einschreiten der Regierung in Bangladesch hält Amin für illusorisch, denn Unternehmen, Regierung und Militär gehören zu einer Oligarchie, die sich gegenseitig zuarbeitet. Hier besteht kein Interesse an der Durchsetzung der Gesetze.

Die Kampagne für einen freien Tag pro Woche

1995 hat die *National Garment Workers Federation* die Kampagne für einen freien Tag pro Woche ins Leben gerufen. Sie stützt sich neben der Gewerkschaftsarbeit in den Betrieben auf eine intensive Lobby- und Öffentlichkeitsarbeit. Auftakt hierfür war die Vorlage der Forderung nach einem freien Tag pro Woche zusammen mit anderen arbeitsrechtlichen Forderungen bei den Bekleidungsunternehmern und deren Vertretung, dem *Verband der Bekleidungsproduzenten und -exporteure Bangladeschs (BGMA)* im September letzten Jahres. Eine Petition der Gewerkschaft an das Arbeitsministerium forderte auf politischer Ebene die Unterstützung der Beschäftigten im größten Industriesektor Bangladeschs – ohne Ergebnis. Die ArbeiterInnen hielten Mahnwachen vor dem Regierungsgebäude, und es gab mehrere Demonstrationen in Dhaka. Auf diese Weise sollte eine breitere Allianz für die Verbesserung der Arbeitsbedingungen geschaffen werden. Die Kampagne stellte jetzt eine einzige klare und einfache Botschaft – »Ein freier Tag pro Woche« – ins Zentrum ihrer Forderungen. Später sollten weitere folgen. Den Arbeitgebern setzten die GewerkschafterInnen ein Ultimatum: Sollte der freie Tag nicht eingehalten werden, würden die Beschäftigten ab November auch ohne Erlaubnis freitags der Arbeit fernbleiben. Die Basis war mittlerweile groß genug. Nach mehreren Streiks kann die Gewerkschaft jetzt einen ersten Erfolg verzeichnen: Bei einem formellen Treffen des Arbeitsgeberverbandes mit den Gewerkschaften konnten sich die Parteien auf vier Hauptforderungen einigen: Ein arbeitsfreier Tag pro Woche, arbeitsfrei am Maifeiertag, aber auch die Durchsetzung des staatlichen Mindestlohns und die Kinderbetreuung in den Betrieben. Deshalb werden die Streiks zunächst nicht fortgeführt. Amirul Haque Amin ist jedoch, was die Umsetzung dieser Vereinbarung betrifft, skeptisch. »Wahrscheinlich ist es nichts als Augenwischerei...«, meint er pessimistisch, »aber wir werden uns über unsere VertreterInnen in den Betrieben um eine Kontrolle kümmern.«

Über wirkungsvolle Kontrollen in den Produktionsbetrieben wird auch bei der *Clean Clothes Campaign* nachgedacht. Sie plant, Handelsketten aus Europa miteinzubeziehen. Um ein Gütesiegel für entsprechend den Mindeststandards produzierte Kleidung in ihren Verkaufsflächen anbringen zu können, sollen die Handelshäuser ihre Beschaffungswege durch eine unabhängige Kommission überprüfen lassen und dies mit einem Teil der Umsätze mitfinanzieren. Aber bis dahin muß noch eine Menge Aufklärungsarbeit geleistet werden, auch und vor allem bei KonsumentInnen und PolitikerInnen hier in Europa.

Demonstration BAG SKAF in Dhaka/Bangladesch im November 1995
Foto: CCC/Niederlande

Minhaz, Dhaka/Bangladesch im November 1995
Foto: CCC/Niederlande

Althea Macquene

Die ›Globalisierung‹ holt auch die südafrikanische Bekleidungsindustrie ein

Zur Wirtschaftspolitik Südafrikas

Zum Zeitpunkt der ersten demokratischen Wahlen des Landes im Jahre 1994 herrschte in Südafrika extreme Ungleichheit vor[1]. Soziale Dienste wie Bildung, Gesundheit, Wohnungen und Infrastruktur waren für die Bevölkerungsmehrheit praktisch nicht verfügbar. Die Arbeitslosenquote betrug circa 35 Prozent, wobei Frauen den größten Teil ausmachten.

Während der Wahlen von 1994 stellte der African National Congress/ANC sein *Reconstruction and Development Programme (RDP,* Wiederaufbau- und Entwicklungsprogramm) als zentrales Element seiner Politik vor. Diese Politik sollte Wirtschaftswachstum und Entwicklung gleichermaßen fördern. Das Programm betonte, daß die Wirtschaft Südafrikas nur wachsen könne, wenn sie sich auf die Bedürfnisse der Mehrheit einrichtet. Das RDP war ein populäres Dokument, an dessen Entstehung die wichtigsten Gruppierungen der Befreiungsbewegung (Organisationen, Gewerkschaften) beteiligt gewesen sind.

Dem Programm zufolge sollte der Staat verantwortlich sein für Basisdienste für ärmere Schichten und aktiv im Sinne einer sozial gerechteren Wohnungs-, Gesundheits-, Frauen- und Bildungspolitik vorgehen. Eine gerechtere Verteilung des Reichtums und der Ressourcen sollte nicht dem Markt überlassen bleiben.

Im Juni 1996 gab die ANC-dominierte-Regierung eine neue makroökonomische Strategie unter dem Namen *»Growth, Employment and Redistribution"* (*GEAR*) für Wachstum, Beschäftigung und Umverteilung bekannt. Im Vertrauen auf Marktkräfte, begleitet von begrenzten staatlichen Interventionen, sollen nun günstige Bedingungen für das »big business« und ausländische Investitionen geschaffen werden und dadurch Wachstum erreicht werden.

Das Programm stützt sich auf exportorientiertes Wachstum. Konzessionen, die Abschaffung von Zollbarrieren und das Lockern von Devi-

[1] Der Gini-Koeffizient, eine Meßlatte für die Einkommensverteilung, die sozialen Unterschiede zwischen Arm und Reich, ist für Südafrika ähnlich hoch wie für Rußland oder Brasilien, also ›führend‹ in der Welt. – d.Hrsg.

senkontrollen sollen Investitionen anziehen. GEAR soll vorrangig Staatsausgaben reduzieren und Auslandsschulden abzahlen helfen. Das Hauptanliegen der Regierung ist es, das Haushaltsdefizit durch eine Kürzung der staatlichen Ausgaben zu verringern.

Laut GEAR-Programm ist die Versorgung mit Basisdiensten an das Prinzip der Kostendeckung gebunden. Das Ziel der Regierung, die Staatsausgaben zu reduzieren, bedeutet, daß nunmehr der Privatsektor die Versorgung mit sozialen Dienstleistungen übernehmen soll. Erfahrungen aus vielen Ländern zeigen jedoch, daß der Privatsektor soziale Dienste nicht adäquat bereitstellen kann. Angesichts des riesigen Bedarfs an Verbesserungen der Sozialbereichs in Südafrika ist dies um so weniger wahrscheinlich. GEAR visiert außerdem einen flexibleren Arbeitsmarkt an. Bestimmte Kategorien von Arbeitnehmern sollen aus der staatlichen Regulierung von Arbeitsstandards herausfallen. Die Folgen werden niedrigere Löhne, mehr zeitlich befristete, unsichere und ungeschützte Beschäftigungsverhältnisse sowie eine Intensivierung der Arbeit sein.

Die Handelspolitik Südafrikas – wie liberalisieren?

In der Vergangenheit beruhte Südafrikas Industrialisierungsstrategie auf der Importsubstitution. Dies führte zu eine Reihe von protektionistischen Maßnahmen mit einer komplexen Zollstruktur. Mit dem Ende der Apartheid wurde klar, daß auch die Handelspolitik reformiert werden mußte. In Südafrika waren die Meinungen über diese Reform geteilt. In den verschiedenen Meinungen spiegelte sich eine Mischung folgender politischer Maßnahmen:

a) Die orthodoxe Liberalisierungslehre verlangte eine Abschaffung des Protektionismus und die Unterwerfung unter Weltmarktbedingungen.

b) Von einem eventuellen Zollabbau besonders betroffene Industrien wie die Bekleidungs- und Textilbranche versuchten die Senkung der Zölle zu verhindern.

c) Die Gewerkschaftsbewegung rief nach einem gestaffelten Programm, in dessen Verlauf sowohl vom Zollabbau betroffene Industrien als auch potentielle Gewinnersektoren der Liberalisierung unterstützt werden sollten, während protektionistische Maßnahmen langsam abgebaut würden.

GEAR unterwirft sich der Ideologie des Freihandels, deshalb verpflichtet sich die Regierung auch, Zollschranken und Handelsbarrieren schneller abzubauen. Die südafrikanische Regierung hat eine recht pragmatische Haltung zum *General Agreement on Tariffs and Trade/GATT* bzw. zur *Welthandelsorganisation/WTO* und den daraus resultierenden

Folgen für die demokratische Entwicklung in Südafrika eingenommen. Da kohärente, politisch gestützte Handels- und Entwicklungsziele nicht vorlagen, hat Südafrika mittlerweile bezüglich der Liberalisierung Konzessionen gemacht und ist internationale Verpflichtungen im Rahmen von GATT/WTO eingegangen. Deren Umsetzung wird ehemals geschützte Industrien der Konkurrenz ausländischer Produkte aussetzen.

Die Feminisierung der Arbeit

Handelsliberalisierung und exportorientiertes Wachstum tragen zu einem wachsenden Bedarf an Frauenerwerbsarbeit und damit zu einer Feminisierung der Arbeit bei. In Entwicklungsländern sind exportorientierte Industrien meist arbeitsintensiv, und sie beschäftigen eine hohe Anzahl ungelernter Arbeiterinnen. Liberalisierung führt daher zu einer *Feminisierung der Arbeit:* Gerade Frauen müssen in schlecht bezahlten, minder qualifizierten, unsicheren und unregelmäßigen Arbeitsverhältnissen ohne gewerkschaftliche Rechte harte, monotone Arbeit verrichten – Frauen werden für diese Tätigkeiten besonders gerne genommen. Sie ›avancieren‹ so zur flexiblen Arbeitsmarktreserve. Für den Export bestimmte Produkte können billiger hergestellt werden. Die Reduzierung der Lohn- und Gemeinkosten ist für die Unternehmen ein wichtiger Vorteil im Kampf um internationale Wettbewerbsfähigkeit.

Flexible Arbeitsverhältnisse bedingen indes eine Zunahme schlechtbezahlter Arbeit, mehr Unsicherheit und höhere Arbeitsintensität auf Kosten regulärer und geschützter Vollzeitbeschäftigung. Nun schafft Handelsliberalisierung zwar im allgemeinen mehr Frauenarbeitsplätze, dieser Prozeß kann jedoch in bestimmten Industrien die umgekehrte Folge haben, nämlich dort wo ein hoher Grad der Mechanisierung qualifizierte Arbeitskräfte erfordert. Facharbeiter werden beispielsweise bei hoch wertschöpfender Produktion gebraucht. Frauen bringen oftmals nicht die Qualifikationen für eine solche Arbeit mit.

In Südafrika stellen Frauen 13,6 Prozent der Arbeiterschaft im produzierenden Gewerbe und 34 Prozent der Arbeiterschaft in formalen Beschäftigungsverhältnissen: Die Mehrheit der Frauen arbeitet im Sozialbereich als Lehrerinnen und Krankenschwestern sowie als Hausangestellte. Im Bekleidungssektor dagegen stellen Frauen 80 Prozent der Beschäftigten und im Textilbereich 50 Prozent. Insgesamt ist der Textil- und Bekleidungssektor einer der größten Arbeitgeber im produzierenden Gewerbe Südafrikas. Und hier waren in der Vergangenheit die Arbeitsplätze am besten geschützt.

Die Liberalisierung wird schwerwiegende Folgen für die Beschäftigung von Frauen in der Leder-, Bekleidungs- und Textilindustrie haben. Die Zölle für Bekleidung, Fasern und Garne werden schrittweise abgebaut. Die drei Industriezweige Textil-, Bekleidungs- und Lederindustrie beschäftigten 200.000 Menschen im formellen Sektor und schätzungsweise mehr als 250.000 Menschen im informellen Sektor. Bereits im November 1991 berichtete die südafrikanische Bekleidungs- und Textilarbeitergewerkschaft *SACTWU*, die 85 Prozent der in dieser Industrie beschäftigten Arbeiter repräsentiert, vom Verlust von mehr als 10.000 Arbeitsplätzen in jenem Jahr. Die Gewerkschaft wies damals auch darauf hin, daß die Regierung und die Industrie seit Jahren eine kurzsichtige Politik betrieben hatten. Nur wenig sei für die Modernisierung getan worden. Das Ergebnis war, daß Preis und Qualität vieler Produkte nicht dem internationalen Maßstab entsprachen, als Südafrika sich dem Handel mit dem Rest der Welt öffnete.

Im Jahr 1996 gingen bereits 15.000 Arbeitsplätze verloren. *SACTWU* berichtet, daß seitdem weitere 40.000 Arbeitsplätze in der Bekleidungs- und Textilindustrie abgebaut wurden. Industrien, die zum Beispiel allein im Großraum Durban noch 1994 beinahe 54.000 Menschen Arbeit gaben. Bis 1996 war diese Zahl auf 35 000 gesunken. Traditionell wurde in dieser Gegend billige Kleidung hergestellt, und die Produzenten wurden durch eine protektionistische Politik vor billigeren Importen geschützt.

Mit der Umsetzung der GATT-Abkommen ist es nun wesentlich schwieriger geworden, mit den Importen zu konkurrieren[2]. Einige Firmen beginnen, Kleidung außerhalb des Großraums Durban – in Gegenden mit einem niedrigeren Lohnniveau – zusammennähen zu lassen. In Durban wird gewöhnlich entworfen und zugeschnitten, während außerhalb zusammengenäht wird.[3]

Einige Bekleidungsfirmen, so z.B. *Pep*, verlagern ihre Produktionsstätten in benachbarte Staaten, wo »die Löhne niedriger, die Produktivität höher und die Gewerkschaften aufgrund von Arbeitsplatzverlusten schwächer sind«. Laut Aussagen des Direktors der *Clothing Federation* (Arbeitgeberverband – d.Hrsg.) werden diese Verlagerungen nur vorüber-

[2] Zu diesen Importen gehören auch billige Altkleider aus Europa – d.Hrsg.

[3] Analoge Verbilligungsstrategien z.B. wie in Deutschland beginnen also auch in Südafrika nach der »Öffnung«, sprich der Unterwerfung unter den global dominierenden Neoliberalismus, zu greifen – d.Hrsg.

gehend negative Auswirkungen für Arbeitsplätze haben. Diese würden von der geplanten Umwandlung der Bekleidungsindustrie in einen Produzenten exklusiver Mode kompensiert. Viele Unternehmer meinen, daß der Umzug in Billiglohnländer zur gängigen Praxis für diejenigen Firmen wird, die einfache Bedarfsartikel herstellen, da in diesem Bereich hauptsächlich wenig qualifizierte Arbeitskräfte gebraucht würden. Die südafrikanische Industrie hätte im Vergleich mit Asien hohe Lohnkosten, eine viereinhalb-Tage-Woche statt einer sechs-Tage-Woche in Asien und eine halb so hohe Produktivität.

Es ist offensichtlich, daß die Öffnung der südafrikanischen Wirtschaft für ausländische Produkte zu starken Verlusten an Arbeitsplätzen und zu Firmenschließungen führt. Die Auftragsvergabe an Subunternehmer nimmt zu. Einige Produzenten vergeben mehr als 25 Prozent ihrer Produktion an kleine und mittlere Betriebe vor allem in ländlichen Gegenden. Auch Heimarbeit verbreitet sich schnell. Einzelhändler lassen zunehmend HeimarbeiterInnen arbeiten. Oftmals sind diese Heimarbeiterinnen Frauen, die aus der Bekleidungsindustrie entlassen worden sind. Dies alles sind klare Anzeichen dasfür, daß die südafrikanische Textil- und Bekleidungsindustrie ohne eine klare Strategie, die dieser Entwicklung entgegensteuert, in der nahen Zukunft ruiniert werden könnte.

Und: Die Hauptlast der Handelsliberalisierung werden die südafrikanischen Frauen zu tragen haben. Zunehmend werden geschützte Vollzeit-Arbeitsverhältnisse durch unsichere, unregelmäßige Teilzeitarbeit ersetzt mit der Folge, daß viele arbeitende Frauen aus formellen Arbeitsverhältnissen herausgedrängt werden.

Wie reagieren Arbeiterinnen und ihre Organisationen auf diese Entwicklung?

Südafrikanische Arbeiterinnen haben traditionell ihre Aktionen und Lobbyarbeit mit Hilfe ihrer Massenorganisationen betrieben. Gegenwärtig nutzen sie dafür die Gewerkschaften, die in unserem Land noch immer einen großen Einfluß und große Unterstützung genießen. Die Gewerkschaft, die am stärksten auf die Politik der Liberalisierung reagiert, ist die *SACTWU.* Der für die Bekleidungbranche zuständige Gewerkschafts-Koordinator Elias Band sagte: »Die Arbeitgeber sprechen davon, die Zölle auf Textilien zu senken. Wenn die Regierung tatsächlich damit anfängt, die Zölle zu senken, wird man in diesem Land keine Bekleidungs- und Textilfirmen mehr finden – sie werden einfach nach Maputo (Mosambik) gehen und dort Hungerlöhne zahlen. Die *SACTWU* wird nicht länger das Verhalten von Arbeitgebern tolerieren, die in abgelegenere Gebiete drängen, um dort die Arbeiter auszubeuten. Wir verlangen Freiheit. Freiheit heißt, daß ein Arbeiter ein Dach über seinem Kopf hat. Freiheit heißt, daß ein Arbeiter seine Würde wahren kann. Freiheit heißt, daß ein Arbeiter einen Rand in seiner Tasche hat«.

Die *SACTWU* hat große Protestmärsche und Demonstrationen mit Zehntausenden von ArbeiterInnen organisiert. Im Februar 1996 fand ein Marsch zum Parlament statt, um die Regierung zu drängen, schnell zu handeln und die Bekleidungs-, Textil- und Lederindustrie vor dem Zusammenbruch zu bewahren. Folgende Themen hat die Gewerkschaft aufgegriffen:

- Handelsabkommen wurden mit anderen Ländern abgeschlossen, ohne die Gewerkschaften an den Beratungen zu beteiligen.
- Korruption an den Zollstellen führt zur illegalen Einfuhr von Waren im Wert von hunderten Millionen Rand nach Südafrika, ohne daß Steuern gezahlt worden wären.
- Einige Händler importieren Produkte aus Ländern, in denen billige Arbeitskräfte (in manchen Fällen Kinder und Häftlinge) eingesetzt werden, anstatt sie von lokalen Produzenten zu beziehen.
- Produzenten verlagern ihre Produktion in Nachbarländer, um billigere Arbeitskrafte auszunutzen.

Die *SACTWU* erklärte Firmenschließungen, Entlassungen und illegale Importe zu den größten Herausforderungen für die Gewerkschaft. Die Gewerkschaft will gemeinsam mit den Arbeitgebern und der Regierung die Industrie restrukturieren, um sie international wettbewerbsfähig zu machen. Die Regierung soll kurzfristig Maßnahmen einleiten, die die negativen Folgen der Liberalisierung eindämmen. Die *SACTWU*-Mitglieder sollen mobilisiert und ihrer Stimme soll durch Druck auf Regierung und Arbeitgeber Gehör verschafft werden.

Eine weitere Strategie der Arbeiterbewegung und insbesondere der Führung der *SACTWU* ist die Teilnahme am *National Economic Development and Labour Advisory Council (NEDLAC.)* Diese von Regierungs-, Arbeitgeber- und Gewerkschaftsvertretern besetzte Institution berät die Regierung in Fragen der sozialökonomischen Politik. Sämtliche wichtigen wirtschaftlichen, arbeitsmarkt-, entwicklungs- und handelspolitischen Themen werden dort diskutiert. Die Gewerkschaften nutzen diese Institution als Lobby für ihre Sicht der Handels- und Industriepolitik.

Dorothy Mokgale, *COSATU*-Aktivistin auf nationaler Ebene und ehemalige Frauen-Beauftragte dieses größten Gewerkschaftsverbandes Südafrikas ist Mitglied der Beschäftigungskommission (*labour negotiating team*) in der Handels- und Industriekammer des *NEDLAC*. Sie glaubt, daß die Zunahme der Frauenerwerbsarbeit im Gefolge der Handelsliberalisierung durchaus positiv sein kann. Dennoch müßte man sich darüber im Klaren sein, daß sich durch mehr Frauenarbeitsplätze oftmals die Lohn- und Arbeitsbedingungen verschlechterten.

Aber: Ist die *SACTWU*-Strategie des Strukturwandels der Textil- und Bekleidungsindustrie zur Herstellung ihrer internationalen Wettbewerbsfähigkeit überhaupt realistisch angesichts der starken Konkurrenz solcher Länder wie China? Für die Arbeitgeber bedeutet internationale Wettbewerbsfähigkeit Verbilligung der Produktion mit den oben dargestellten Mitteln der Ausnutzung billiger Arbeit. Ein Element der *SACTWU*-Strategie zur Erhöhung der Wettbewerbsfähigkeit ist dagegen der Wandel hin zur Produktion qualitativ hochwertiger Produkte mit der damit einhergehenden vermehrten Nachfrage nach qualifizierten Arbeitskräften.

Wie sehen jedoch die Konsequenzen dieser Strategie für die Arbeiterinnen aus, die sehr oft nicht über die für diese Arbeitsplätze erforderlichen Qualifikationen verfügen?

Frauen gegen Ausbeutung mobilisieren

Frauen sind an der Diskussion dieser Probleme bisher kaum beteiligt gewesen. Für viele Arbeiterinnen sind Themen wie Handelsliberalisierung und Strukturwandel weit entfernt von ihrer Realität. Diese Themen werden hauptsächlich auf der Führungsebene der Gewerkschaften behandelt und Frauen sind in den Führungsetagen der meisten Gewerkschaften noch immer unterrepräsentiert. Eine Untersuchung aus dem Jahre 1994 kam zu dem Ergebnis, daß Frauen nur 12 Prozent der Führungspositionen auf regionaler Ebene und 17 Prozent auf nationaler Ebene einnehmen, aber 36 Prozent der Mitgliedschaft der *COSATU* bilden. Die entsprechenden Zahlen für die *SACTWU*: 21 Prozent der regionalen, 33 Prozent der nationalen Führungspositionen und 65 Prozent der Mitgliedschaft.

Andererseits haben Tausende von Frauen als Antwort auf die Handelsliberalisierung an Aktionen der Gewerkschaft wie dem *SACTWU*-Protestmarsch teilgenommen. Einige Arbeiterinnen nehmen auf der regionalen und nationalen Ebene an Verhandlungen der Gewerkschaft teil.

Frauen müssen jedoch in die Behandlung solcher Themen wie Handelspolitik und Industriestrukturwandel einbezogen werden und ihre Forderungen einbringen können. Erst jetzt diskutieren auch immer mehr Frauen die Auswirkungen von Globalisierung und Handelsliberalisierung insbesondere für Arbeiterinnen. Gewerkschafterinnen sprachen auf der *dritten nationalen Frauenkonferenz* der *COSATU* im Mai 1996 über das

Thema Globalisierung und verabschiedeten eine Resolution:

»COSATU wird dafür kämpfen, Frauen vor den negativen Folgen der Globalisierung zu schützen.
1. COSATU wird sich einsetzen
- gegen die Einrichtung von Freihandelszonen und anderen Formen der Deregulierung,
- gegen Privatisierung,
- gegen Unterauftragsvergabe und Auslagerung von Produktion,
- gegen die Auflage von Bedingungen (Strukturanpassungsprogrammen) durch nichtgewählte und nicht rechenschaftspflichtige Institutionen wie den Internationalen Währungsfonds/IWF und die Weltbank.

2. COSATU wird in Verhandlungen mit der Regierung und/oder dem NEDLAC darauf hinwirken, daß
- ein Verhaltenskodex für Investitionen durch multinationale Firmen eingeführt wird,
- Sozialstandards in sämtliche Handelsabkommen einbezogen werden,
- eine Befreiung von Investitions- und Handelsstandards sehr erschwert wird,
- der Zollabbau dort verlangsamt wird, wo massive Entlassungen zu befürchten sind,
- die illegale Einfuhr von Billigwaren durch intensivere Zollkontrollen verhindert wird.

3. COSATU wird auf allen Ebenen in den folgenden Richtungen aktiv:
- Keine Entlassungen. (...)
- Frauen erhalten Zugang zu allen Arbeitsplätzen und den dafür erforderlichen Qualifikationen, ohne dabei durch geringeren Lohn diskriminiert und ausgenutzt zu werden.
- Ausbildungsmöglichkeiten, um ihre Arbeitsmarktchancen zu erhöhen.
- Frauen in temporären, saisonalen, quasi-selbständigen und Zeit-Arbeitsverhältnissen sowie von Sub- und Auslandsunternehmern beschäftigte Frauen werden organisiert und zu Bedingungen angestellt, die denen der ständig, formal Beschäftigten entsprechen.
- Besteuerung von Rohstoffen und Kampagne zum Kauf lokaler Produkte.
- Starke internationale und die Region südliches Afrika betreffende Solidarität.
- Forschung betreiben zu den Auswirkungen der Globalisierung auf Frauen am Arbeitsplatz und in der Industrie, in der Region und in der Welt.«

Diese Resolution ist ein wichtiges Dokument, das die negativen Folgen der Globalisierung und des Neoliberalismus kritisiert. Es folgt nicht der Ideologie des »freien Marktes« und der »internationalen Wettbewerbsfäigkeit«. Statt dessen fordert es die Arbeiterbewegung gegen diese Ideologie heraus.

Literatur:

COSATU (1996): *Resolutions from the Third National Women's Conference*

Hale, A.: Women Working WorldWide, (1996) *World Trade is a Women's Issue*

Hirsh, A. (1994): *The implications of the Completion of the Uruguay Round of Gatt, Negotiations for South Africa*

Macquene, A. (1996): *World Trade is a Women's Issue, A South African Perspective*

National Institute For Economic Policy, (1996): *From The RDP to GEAR: The Gradual Embracing of Neo-Liberalism in Economic Policy*

Valodia, I. (1996): *Women and work in South Africa*

Bettina Musiolek

Freier Fall in die Marktwirtschaft – Bei den Preußen des Balkans: ab 15 Pfennige Stundenlohn

So werden die Bulgaren genannt: die Preußen des Balkans. Und nicht wenige westeuropäische Konfektionäre und Bekleidungshändler – darunter *Boss, C&A, Marks & Spencer, Steilmann, Strellson* – wissen dies zu schätzen. Sehr selten muß Ware, die in Bulgarien genäht wurde, reklamiert werden. Saschka Dimitrowa vom Trikotagenwerk *Sanja* in Pleven (Nordbulgarien) erläutert mir, daß Qualitätsprobleme nur deshalb entstehen, weil die Näherinnen gezwungen sind schnell zu arbeiten: Erfüllen sie ihre Akkord-Norm zu 100 Prozent, verdienen sie circa 60 Mark pro Monat. Diese 60 Mark reichen für die Stromrechnung des Monats, allerdings nur im Frühling, denn im Winter verbraucht man mehr Strom für die Heizung. In Bulgarien wird fast ausschließlich elektrisch geheizt. Und der Strompreis stieg 1997 allein vom Februar zum März um 250 Prozent. Von März auf April noch einmal um 30 Prozent.

Deshalb wollen die Näherinnen natürlich schneller und länger arbeiten, um für 150-prozentige Normerfüllung wenigstens circa 90 Mark oder für 200 Prozent Normerfüllung mit vielen Überstunden sogar 150 Mark monatlich zu erhalten. Zusätzlich verdiente 30 Mark besitzen die Kaufkraft für 30 Brote oder 10 Kindergartenplätze oder 30 Liter Benzin (Zahlen vom März 1997 – Wechselkursschwankungen und Inflation sind sehr hoch, im Februar z.B. 240 Prozent, März: 15 Prozent).

Saschka Dimitrowa (39) arbeitet schon 20 Jahre bei *Sanja* in Pleven. Gleich nach dem Sprachenabitur – spezialisiert auf Deutsch-Englisch – begann sie dort. Damit ist sie verglichen mit der Mehrheit der Billiglohnarbeiterinnen auf der Welt hochgebildet. Angefangen hat sie aber ohne Berufsausbildung. ›Training on the job‹ würde man heute sagen.

Bei *Sanja* werden Trikotagen, Strickwaren, T-Shirts und Sportbekleidung gefertigt. Es ist ein staatlicher Betrieb mit 1.050 Beschäftigten. Die Privatisierung steht unmittelbar bevor.

Auftraggeber kommen aus Westeuropa. Es sind deutsche, italienische und englische Firmen. Die Marken sollen die ArbeiterInnen nicht kennen, berichtet Gewerkschafterin Saschka. Es ist in der Branche nicht ungewöhnlich, daß die Label erst beim ausländischen Auftraggeber eingenäht werden. Dann steht nicht »Made in Bulgaria«, sondern beispielsweise »Made in Germany« darauf.

Saschkas Mann hat ein Geschäft, das jedoch mehr schlecht als recht läuft und kaum etwas abwirft. Handel und Wandel florieren in Bulgarien kaum, denn wer hat schon Geld, sich etwas zu leisten, abgesehen vom Allernötigsten. Saschka ist froh, daß ihre Kinder groß sind, denn die Finanzierung der Ausbildung ist jetzt ein unüberwindliches Problem, ganz zu schweigen von den kaum vorhandenen Berufschancen. Am Wochenende fährt die Familie zu den Großeltern aufs Land, hilft bei der Landwirtschaft und sichert sich so wenigstens ihre Ernährung.

Diese Situation ist symptomatisch für eine ›normale‹ bulgarische Familie. Die kleine Landwirtschaft für den eigenen Bedarf – auch für die Kinder und Enkel in der Stadt – hilft ihnen, galoppierende Inflation und hohe Arbeitslosigkeit (30 bis 50 Prozent) zu überstehen. Viele Familien versuchen trotz der damit verbundenen Kosten, die moralischen und materiellen Überbleibsel aus »besseren Zeiten« aufrechtzuerhalten: Geselligkeit, Gastfreundschaft, Lebensstandard wie der Besitz eines Autos. Da wird eher die Heizung abgemeldet als die Namenstagsfeier abgesagt. Selbst Bus und Bahn, die mir ›spottbillig‹ erscheinen, sind unerschwinglich.

Auch Saschka läuft lieber lange zur Arbeit, als mit dem Bus zu fahren. Ein Manager verdiene ungefähr das Fünffache des Näherinnenlohnes, und das erzürnt Saschka ganz besonders. Sie meint, daß »es in Deutschland nicht denkbar ist, daß man mit seinem normalen Lohn nicht seinen Lebensunterhalt bestreiten kann«. Daß das eine Näherin in Deutschland auch nicht kann, hat sie überrascht. Natürlich gäbe es dort nicht diesen Teufelskreis zwischen Zwang zum Mehrverdienen und geringer Kaufkraft des so erschufteten Geldes, gebe ich zu. Resigniert sagt sie: »100 Jahre lang haben die Leute auf dem Dorf nicht gewußt, wozu ein Schlüssel gut ist, jetzt werden sie in ihren eigenen Häusern überfallen und ausgeraubt.«

Die Menschen in Bulgarien sind immer noch entsetzt, welchen rasanten Abstieg ihr Land seit Zusammenbruch des ›Ostblocks‹ genommen hat. Die großen sozialen Probleme widerspiegeln sich unter anderem in der stark zunehmenden Kriminalität.

Sozialdumping nach Bulgarien

Bei einem Durchschnittslohn von 50 bis 80 Mark monatlich können selbst ›klassische‹ Niedriglohnländer wie Bangladesch oder Sri Lanka kaum mithalten. Westeuropäische Konfektionäre und Modehändler lassen für den Absatz in Deutschland, in Rußland, der Schweiz und anderswo unter Markennamen wie *joop* oder *Benvenuto* herstellen. Für den Binnenmarkt bleiben die vereinzelten Reklamationen – maximal zwei bis fünf Prozent der Produktion. Der bulgarische Markt stagniert. Weniger vornehm ausgedrückt: Die Frauen können sich ihre eigenen Produkte nicht kaufen. Nur die dünne, neu entstandene Schicht der Geschäftsfrauen und -männer, der Privatisierungsconsultants und Privatisierungsgewinner kann sich diese Kleidung leisten. Ein für Boss bei *Pirintex*/Südbulgarien genähter Anzug kostet rund 600 Mark – also circa zehn Monatslöhne einer DurchschnittsverdienerIn – und ist nur in einem Geschäft in Bulgarien erhältlich – Kaufhaus Battenberg auf der ›Kö‹, der Vorzeigeallee der Hauptstadt Sofia – dem Witoschaboulevard.

Die gesellschaftliche Akzeptanz von Frauenarbeit ist in Bulgarien immer noch gut. Die damit verbundene Infrastruktur für berufstätige Frauen existiert noch in Resten: betriebliche Kinderbetreuungsmöglichkeiten und zweijähriger Mutterschaftsurlaub, davon ein Jahr vom Staat bezahlt. Das unterscheidet Bulgarien von typischen Billiglohn-Oasen.

Diese soziale Infrastruktur ist dringend nötig, weil Frauen verdienen müssen, damit die Familien über die Runden kommen. Doch auch hier geht die soziale Schere auseinander: Der Mindestlohn von circa 30 Mark hat sich kaum verändert. Gebühren und Kosten für soziale Leistungen schießen dagegen in die Höhe. Im März stieg der Preis für einen Kindertagesstättenplatz gegenüber Februar um 100 Prozent. Auch das Gesundheitswesen ist zwar noch staatlich und damit offiziell kostenlos – Bulgarien hat immer noch mehr Krankenhausbetten pro Kopf als Deutschland, doch die Ärzte verlangen ein ›Trinkgeld‹. Auch ihr Gehalt liegt bei 50 bis 80 Mark im Monat. Das Rentensystem existiert eigentlich nur noch auf dem Papier, denn was kann mensch mit einer Rente von zehn Mark anfangen?

Daß Staatsausgaben sinken, Renten entwertet werden, das Gesundheitswesen kaum noch finanzierbar ist, verwundert nicht. Auch wenn immerhin 37 Prozent des Bruttolohnes für Kranken- und Rentenversicherung sowie fünf Prozent für Arbeitslosenversicherung abgezogen werden, ist die absolute Höhe dieser Abzüge angesichts des Billiglohnes minimal. Importierte Gerätschaften z.B. kann sich kein Krankenhaus leisten.

Und dennoch blüht die Schwarzarbeit: Lohnsteuer muß ab 25 Mark Monatseinkommen gezahlt werden. Deshalb ist es nicht ungewöhnlich, daß Arbeitgeber zum Mindestlohn von 30 Mark mit den zugehörigen Mindest-Sozialversicherungen einstellen und den Restlohn in bar auszahlen. Ein Gehaltskonto besitzt überdies niemand, denn auf die Banken ist kein Verlaß und die Inflation macht Sparen unsinnig.

Die Praxis der Schwarzarbeit findet man oft in kleinen Nähbetrieben mit zehn bis 20 Nähmaschinen, die kaum kontrollierbar sind. Wenn dort beispielsweise ein Auftrag für 200.000 T-Shirts ankommt, der in bar bezahlt wird, kann der Sweatshop-Besitzer ohne großes Risiko Löhne schwarz auszahlen.

Billigstproduktion auf Kosten der BulgarInnen! Entscheidend für die Attraktivität bulgarischer Lohnveredelung aus Sicht deutscher Auftraggeber ist aber nicht die Höhe des Lohnes in der bulgarischen Währung Lewa, sondern seine Höhe in Mark. Den Mark-Betrag bestimmt der Wechselkurs zwischen Mark und Lewa, weniger dagegen die Lohnhöhe. Gegenwärtig ist die Mark aufgrund der Bundesbankpolitik und hoher Exportüberschüsse Deutschlands stark. Der Lewa ist dagegen dem Druck des Internationalen Währungsfonds (IWF) und der Weltbank (mit ihren standardisierten Strukturanpassungsprogrammen) – in denen Deutschland eine maßgebliche Position einnimmt – ausgesetzt und wird deshalb ständig abgewertet. Wird der Lewa abgewertet, so fällt der Preis für bulgarische Arbeit ausgedrückt in Mark (ohne daß er sich absolut verändern muß). Der Umtauschkurs zwischen Mark und Lewa lag im April/Mai 1997 bei 1:1.000.[1]

Unter den ständigen Lewa-Abwertungen leidet die Bevölkerung, denn Abwertung bedeutet, daß bulgarische Exporte im Ausland billiger, aber Importe ins Land teurer werden. Faktisch sind nur noch einige wenige bulgarische Erzeugnisse für Bulgaren erschwinglich: Brot und traditionelle Gemüseprodukte. In ihnen stecken keine teuren Importe, sie können vollständig in Bulgarien hergestellt werden.

Noch ein anderes Mittel verbilligt die Bekleidungsproduktion in Bulgarien obendrein: die Privatisierung. Nach und nach werden die Konfektionsbetriebe an Investoren verkauft. Dies ist offenbar für diese und für die beteiligten Treuhänder und Consultants ein hervorragendes Geschäft, weniger dagegen für die Beschäftigten – und den Staat, der daraus Einnahmen erzielen sollte. Es wird alles getan, damit die finanziellen Umstände von Privatisierungen nicht an die Öffentlichkeit geraten. Die Verfahren sind wenig transparent, Ausschreibungen finden nicht öffentlich statt. Es ist aber bekannt, daß Konfektionsbetriebe für symbolische Beträge von einem Lewa verkauft werden. Selbst wenn Investoren ihre Beteiligungen mit Krediten finanzieren, können sie sicher sein, daß ihr Kredit im Gefolge der Währungs-Abwertungen ebenfalls bald entwertet ist. Wenn aber die Buchwerte der Kredite gegen null tendieren, dann auch

[1] Vergleiche ausführlicher die Einleitung der Autorin zu diesem Buch. Übrigens lag vor der »Wende« der Umtauschkurs für DDR-Touristen bei 3:1 (DDR-Mark zu Lewa).

die Verkaufseinnahmen des Staates.[2] Alle bulgarischen Bekleidungshersteller, von denen ich hörte, hatten gute Auftragsbestände und ausgelastete Kapazitäten. Deshalb können solche Privatisierungsumstände nur als »legalisierter Betrug« (S.Mbaye) bezeichnet werden.

Ein »Entwicklungsgebiet« mitten im Gebirge

Es gibt wohl keinen Weg über Land in Bulgarien ohne herrliche Gebirgskulisse. Offenbar hat dies auch deutsche Konfektionäre angezogen. Investoren entdeckten im gebirgigen Süden des Landes ein noch – nach westlichem Maßstab – unerschlossenes Gebiet, das jedoch lange Traditionen in Handarbeitsproduktionen wie Lebensmittelverarbeitung, Bekleidungs- und Schuhfertigung besitzt. Hier läßt ein deutscher Konfektionär – Rollmann – für deutsche und schweizer Händler und Marken Einzelteile zu Anzügen, Herrenjacken und Kleidern zusammennähen. Es kommen auch Aufträge für Armeebekleidung – für welche war nicht zu ergründen.

Noch mehr als von der Kulisse fühlt sich der Unternehmer aber wohl von der Nähe zu Griechenland, wo vorher genäht wurde, sowie von den niedrigeren Löhnen angezogen: um die 150 Mark pro Monat. Das gilt in Bulgarien schon als sehr anständig. Aus dem griechischen Katerini wurde die Firma nach Gotse Deltschew im bulgarischen Pirin-Gebirge verlagert. *Pirintex* heißt sie. In dem Gebiet war eine Freie Produktionszone schon im Gespräch, die aber verworfen worden ist, weil die ›Standortvorteile‹ auch ohne Steuer- und Zollbegünstigungen und auch ohne die Möglichkeiten, die bulgarischen Arbeits- und Umweltgesetze zu umgehen, kaum zu überbieten sind.

Der ›Sage‹ nach verdankt die Firma ihre Verlagerung einem Urlaubstreffen des deutschen Konfektionärs und eines bulgarischen Militärs. Zuvor stand an der Stelle nur ein großes Lagerhaus eines Militärsenders. Es wurde angemietet, ausgebaut und hergerichtet für die Übersiedlung der Maschinen vom vorherigen griechischen Standort.

100 BulgarInnen wurden in Griechenland geschult, bevor man vor fünf

[2] Dieses Verfahren ist im weltweiten Privatisierungsgeschäft nicht neu. Es wurde in Ostdeutschland oder dem frankophonen Afrika praktiziert (Sanou Mbaye: »Die Globalisierung bannt Schwarzafrika in die Rolle des Rohstofflieferanten« in: Le Monde Diplomatique/die tageszeitung, Juni 1997, S.6/7). Die Weltbank führte in über 80 Ländern Privatisierungsprogramme durch (vgl. Chomsky/Dietrich: »Globalisierung im Cyberspace«, S. 54/55). Die Autoren bezeichnen diese als »die neue Form großbürgerlicher Bereicherung auf Kosten des Gemeinwohls«, vergleichbar mit der ursprünglichen Akkumulation.

Jahren umzog. Jetzt arbeiten bei *Pirintex* circa 800 Beschäftigte in zwei Schichten. Der Betrieb stellt neue Arbeitskräfte ein. Qualität und strenges Zeitregime werden stets durch deutsche oder österreichische Manager kontrolliert.

Frauenarbeit und Exportwirtschaft

Die Produktion bei *Sanja* oder *Pirintex* funktioniert wie überall, wo für fremde Auftraggeber genäht wird: Design, Garn, Stoffe, Knöpfe, Schnitt, Größen, kurz alle Ausgangsmaterialien werden herangeschafft. Die Näherinnen üben nur einfachste Teiloperationen aus, davon aber tausende am Tag. Das fertige Stück wird exportiert. Das ist passive Lohnveredelung – ein vornehmer Ausdruck für dieses Geschäft mit der Mode. Passive Lohnveredelung schafft Bedarf an Frauenerwerbsarbeit, denn es sind gerade jene Arbeitsgänge, die wenig Qualifikation und viel Geschick erfordern – typische Frauenarbeitsplätze -, die ausgelagert werden.

Der Beschäftigungsgrad von Frauen lag in Bulgarien wie in den anderen ›Ostblock‹-Ländern vor dessen Zusammenbruch bei über 95 Prozent. Trotzdem besetzten Männer auch in der Konfektion die meisten Führungspositionen, während 80 Prozent der ArbeiterInnen Frauen sind. Männer sind Designer, Techniker oder technische Direktoren.

In der Textilindustrie[3] ist dagegen der Anteil männlicher Beschäftigter höher. Im Trikotagenwerk von *Sanja*/Pleven beispielsweise gibt es textilchemische Arbeitsgänge wie eine Färberei und eine spezielle Wollausrüstung. Dort arbeiten fast nur Männer – in Schichten, mit Zulage für die gesundheitlich gefährliche Arbeit, mit kostenlosen Mahlzeiten und kostenlosen ärztlichen Untersuchungen. Der Umgang mit Lösemitteln und anderen chemischen Giften greift dem Vernehmen nach die Lungen an.

Es ist sehr heiß und sehr laut. Trotz Stiefeln ist Hautkontakt mit den Geahrstoffen normal. Schutzkleidung wird entweder aus »finanziellen« Gründen nicht angeschafft oder wegen der Hitze in den Hallen nicht getragen.
Von ähnlichen Bedingungen – bis zur kostenlosen Milchration – hörte man aus deutschen Färbereien bis spätestens in die 60er Jahre hinein.

Neben der Härte und Gesundheitsgefahr der Arbeit ist der höhere Me-

[3] Im Unterschied zur Bekleidungsindustrie, in der konfektioniert, also zugeschnitten, zusammengenäht, geprüft und verpackt wird, stellt die Textilindustrie Stoffe (textile Flächen) her - und das nicht nur für die Bekleidungsindustrie, sondern z.B. auch für die Automobilindustrie (Innenverkleidung, Sitzbezüge etc.). Die Textilindustrie ist also eine Vorstufe der Bekleidungsindustrie.

chanisierungsgrad und die damit erforderliche höhere Qualifikation der Beschäftigten Ursache für einen oft höheren Männeranteil an den Beschäftigten in der textilen Produktion. Die meisten Arbeiten in der Konfektion, dem eigentlichen Nähen, erfordern dagegen im Wesentlichen zwei Eigenschaften: Geschicklichkeit und Ausdauer – weltweit unbezahlte Qualifikationen von Frauen.

Färberei in Hongkong

Bulgariens Pfunde im Welthandel sind allein die flinken, billigen Hände seiner Frauen und seine natürlichen Reichtümer: Tabak, Pilze, Beeren und anderes Obst und Gemüse. In den Dörfern der bulgarischen Gebirge lesen Frauen Beeren zum späteren Verkauf als Marmelade in Berlin und als Tiefkühlobst in Mailand. Niemand würde auf die Idee kommen, sie durch Maschinen zu ersetzen. Die würden viel schlechter arbeiten und viel teurer sein.

Das sind die verbliebenen Industrien Bulgariens, die in hohem Maße von der preiswerten Frauenerwerbsarbeit profitieren. In den vom Weltmarkt ›tolerierten‹ Industrien arbeiten vorrangig Frauen. Ihre formale Qualifikation – im Gegensatz zu ihren unbezahlten Qualitäten – ist niedrig. Es sind dennoch eher die Frauen, die bezahlte Arbeit bekommen oder behalten. Die arbeitslosen Männer – in den Ferien auch die Kinder –

gehen Pilze sammeln. Das tun mehr als eine Million Bulgaren, also zehn Prozent der Bevölkerung.

Es liegt in Bulgarien wie in anderen Niedriglohnländern folgendes Paradoxon vor: Internationaler Währungsfonds und Weltbank drängen auf sogenannte »nachholende Industrialisierung« und Abzahlung von Schulden. Das soll unter anderem mittels »international konkurrenzfähiger«, sprich billiger Exportproduktion ermöglicht werden. Die in einigen Ländern wie den ehemaligen sozialistischen Staaten, in Indien, Südafrika, Nicaragua früher vorhandene Binnenmarktorientierung für Zulieferungen wie für den Absatz mußte aufgegeben werden. Der Weltmarkt nimmt Niedriglohnländern aber nur Niedrigtechnologieprodukte wie Bekleidung und wenig verarbeitete Landwirtschaftsprodukte ab. Diese Güter benötigen keine verarbeitende Industrie im Lande – nicht zur Weiterverarbeitung und nicht zur Zulieferung. Auch die bulgarische Textilindustrie wird kaum mehr gebraucht – selten verwendet ein Auftraggeber Futterstoffe oder Garne aus bulgarischer Herstellung. Ergebnis wie in Südafrika oder Nicaragua: die einheimische Textilindustrie stirbt aus. Wie soll aber nachholend industrialisiert werden, wenn die vorhandenen Industrien zugrunde gehen?

Privatisierung und Gewerkschaften – zwei Beispiele

Erstes Beispiel:
»Ich arbeite jetzt 33 Jahre hier, und an keinem Tag hätte ich gedacht, meine Arbeit zu wechseln oder gar zu verlieren.« Die stellvertretende Leiterin der Bügelabteilung arbeitet für die *Brilliant fashion AG* in Plovdiv, der zweitgrößten Stadt Bulgariens – eine alte Römerstadt am Fuße der Rhodopen, einem unberührten Gebirge im Süden Bulgariens. Oberbekleidung für Herren und Damen stellt dieser Betrieb für deutsche, holländische, englische Firmen und US-amerikanische Supermarktketten her. Besonders nach der Privatisierung 1995 sieht sie für ihren Job keine Gefahr.

Nelly (36) aus der Bügelabteilung ist auch schon 19 Jahre dabei. In einer riesigen Halle mit Absauganlagen bügelt sie, näht Knöpfe an und sortiert die fertige Kleidung. Nelly stimmt der Leiterin zu. In den letzten Jahren hätten sich die Qualitätsanforderungen sehr erhöht. Vertreter der Auftraggeber kontrollieren ständig die Qualität.

Der Akkorddruck auf die ArbeiterInnen ist hier nicht so hoch wie bei der Konkurrenzfirma *Sanja. Brilliant* bezahlt laut Auskunft des technischen Direktors Petr Kalinov ein Festgehalt nach bewerteten Zeiteinheiten. Bei geringerem Zeitdruck ist die Einhaltung der Qualitätsanforderungen einfacher. Gute Qualität ist denn auch nicht nur Firmenimage, sondern erwiesene Tatsache: Petr Kalinov versichert stolz, es würde seit Jahren die beste Qualität verglichen mit anderen osteuropäischen Bekleidungswerken geliefert. Dies hätten deutsche Auftraggeber ermittelt.

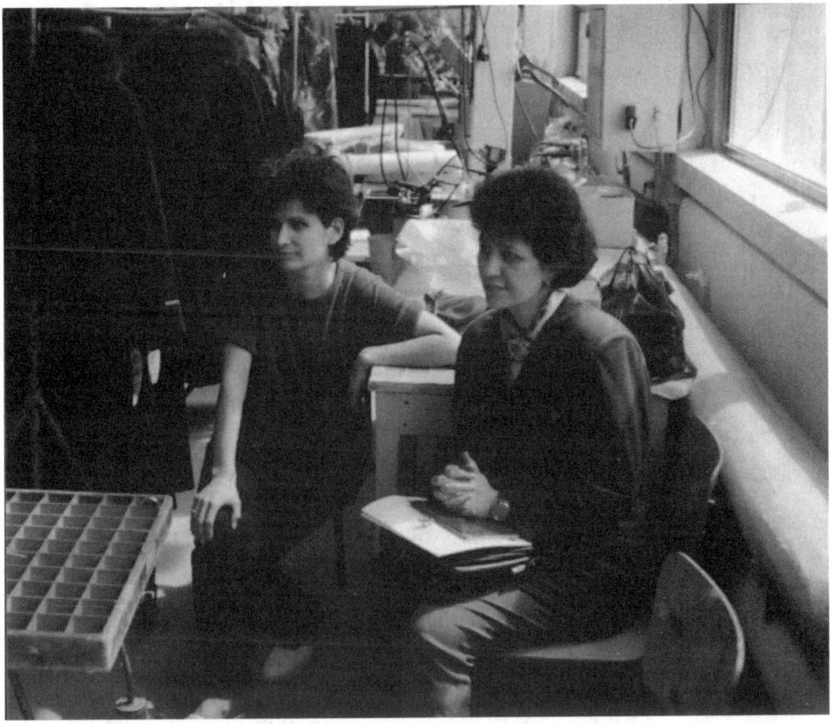

Nelly mit Dolmetscherin in der Bügelabteilung von Brilliant Fashion AG

Beide Frauen haben Glück: *Brilliant* gehörte zum Tafelsilber der staatlichen bulgarischen Industrie. Es wurde schnell privatisiert und hat sich durch die Privatisierung nicht viel geändert. Ein Ausdruck des Vertrauens der Beschäftigten in die Firmenstabilität ist die Tatsache, daß elf Prozent der Aktien von der Belegschaft gehalten werden. Gleichwohl sind auch in diesem Fall die Einzelheiten der Privatisierung und der jetzigen Besitzverhältnisse nicht zu erfahren.

Schon in den 70er Jahren nähten die seinerzeit 3.000 Beschäftigten hier wie auch in den Kleinablegern im Gebirge für den Export – vor allem in die damalige Sowjetunion. Jetzt wird die von *Brilliant* genähte

Kleidung auch in Rußland verkauft, aber von holländischen Firmen, die hier lohnveredeln lassen.

Eine der letzten noch arbeitenden kleinen Nähereien im Gebirge gehört jetzt zu den modernsten Abteilungen von *Brilliant fashion.* Anfang der 80er Jahre wurden sie im Zuge eines »Stabilisierungsprogrammes« der strukturschwachen Grenzgebiete für die Bekleidungsindustrie erschlossen. Von dem dort mittlerweile entstandenen Know-how profitieren jetzt die westeuropäischen und amerikanischen Auftraggeber.

Brilliant ist brilliant ausgestattet. Die vom Auftraggeber gelieferten Modellmuster werden mit Hilfe von Schnittautomaten in den vorgeschriebenen Größen aufs Reißbrett gezeichnet, so daß minimaler Verschnitt anfällt. *Juki*-Nähmaschinen – zu Millionen auf der Welt im Einsatz – kommen z.B. aus der Konkursmasse einer österreichischen Firma.

Bei *Brilliant* mit jetzt fast 2.000 Beschäftigten werden wieder Näherinnen eingestellt und dabei sitzen die Gewerkschaften mit am Tisch. Trotz oder vielleicht gerade wegen schneller Privatisierung ist der Einfluß der Gewerkschaften bei Brilliant noch relativ groß. Der Betriebsvertrag zwischen Gewerkschaften und Betriebsleitung wird seitdem jährlich neu ausgehandelt. Der Inflationsausgleich muß monatlich neu bestimmt werden: 80 Prozent im Mai. Aus diesem Grunde sind neue Kolleginnen recht gut motiviert, in eine der Gewerkschaftsföderationen einzutreten.

Die Privatisierungsvereinbarung von 1995 sieht Bedingungen vor, von denen andere Betriebe nur träumen können. Vor allem:

- alle Arbeitsplätze bleiben erhalten,
- das Recht auf gewerkschaftliche Organisation besteht weiter,
- Arbeitslohn und Urlaubsmöglichkeiten werden nicht beschnitten und
- die Firma bleibt ein Konfektionsbetrieb.

Vor der Privatisierung hatte die Gewerkschaft mit allen ArbeitnehmerInnen gesprochen und daraus ihren Auftrag für die Verhandlungen mit der Privatisierungsagentur abgeleitet. Zum Teil kamen dabei bessere als die gesetzlichen Bedingungen heraus – wie beim Urlaub, denn in der Bekleidungsindustrie muß saisonabhängig Urlaub gemacht werden. Wenn im Sommer für die Herbst/Winter-Kollektion genäht wird, gibt es keinen Urlaub.

Dies alles berichtet mir stolz eine Gewerkschafterin von *Brilliant.* Sie ist 52 Jahre alt und studierte Mathematikerin/Physikerin. Sie genießt noch das Privileg eines eigenen Büros – auch ein Zeugnis für den guten Stand der Gewerkschaften. Wie der technische Direktor ist sie fast 20 Jahre im Betrieb. Sie war lange verantwortlich für das betriebliche Weiterbildungszentrum. Die Aus- und Fortbildung erfolgte früher im Regelfall parallel zur Arbeit. Die Einrichtung kann sich der Betrieb offenbar nicht mehr leisten, sie wurde kürzlich geschlossen. Wie diese Entscheidung mit dem erklärten hohen Qualitätsstandard korrespondiert, bleibt unklar.

Einige eingestellte Näherinnen haben eine dreimonatige Ausbildung in einem Umschulungsprojekt hinter sich, das nicht durch den Betrieb finanziert wird. Arbeitslose Frauen werden zur Näherin umgeschult. Was mit den vor der Privatisierung entlassenen Arbeiterinnen passiert, ob sie Möglichkeiten der Wiedereinstellung haben, konnte mir die Gewerkschafterin nicht sagen.

Etwas anderes ging mir während des Gesprächs mit Gewerkschafterin und technischem Direktor im Büro der Gewerkschaft durch den Kopf: 20 Jahre haben sie gleichberechtigt zusammengearbeitet. Plötzlich sollen sie zwei völlig verschiedene soziale Stellungen einnehmen: die Managerrolle des technischen Direktors, der zum Beispiel keine Produktionsdaten preisgibt, und eine Gewerkschaftsposition, in der frau über die wirtschaftliche Lage des Betriebes Bescheid wissen will, um fundierte Forderungen stellen zu können. Offenbar fällt dem technischen Direktor die Rolle leichter.

Es wird in Bulgarien als normal akzeptiert, daß der Einfluß der Gewerkschaften nach der Privatisierung zurückgeht. Für die Betriebe *Brilliant* und *Sanja* trifft dies nicht zu. Sind die Gewerkschaften im staatlichen Betrieb stark gewesen und ist die Situation des Betriebes relativ gut, so wird auch nach der Privatisierung der Druck ›von unten‹ nicht wesentlich nachlassen (wie bei *Brilliant*). Ist der Stand der Gewerkschaften dagegen schon vor der Privatisierung schlecht, so wird der Druck der Geschäftsleitung natürlich auch nach der Privatisierung nicht geringer.

Zweites Beispiel:

Von den 1050 *Sanja*-Beschäftigten sind ungefähr 430 im alten Gewerkschaftsbund KNSB und 70 im nach der »Wende« gegründeten, demokratischen Podkrepa (Unterstützung). Mindestens diese beiden Gewerkschaftsföderationen gibt es fast in jedem Betrieb in Bulgarien. Außer in neu entstandenen: Der frühere Direktor von *Sanja* hat genau neben der alten Firma eine neue private Trikotagenfirma eröffnet. Know-how, Kundenkontakte und teilweise sogar die Maschinen können ihre Herkunft nicht verleugnen. Management und Besitzanteile sind britisch-bulgarisch aufgeteilt. JedeR Beschäftigte muß bei Einstellung durch Unterschrift bestätigen, daß er/sie weder in der Gewerkschaft ist noch in diese einzutreten gedenkt. Es werden bevorzugt unqualifizierte Frauen genommen, die keine kleinen Kinder haben. Mittlerweile gibt es auch

›schwarze Listen‹ von Gewerkschaftsmitgliedern. Werden sie in einem Betrieb gekündigt, finden sie auch woanders keinen Job.

Beide großen Gewerkschaftsföderationen arbeiten bei *Sanja* gut zusammen. Das zumindest ist ermutigend. Die Unterschiede zwischen ihnen verwischen sich offenbar.

Daß die Gewerkschaftsföderationen gut zusammenarbeiten, ist dringend geboten. Bis jetzt gibt es zwar landesweite Gewerkschaften, aber nicht landesweite, sondern nur betriebliche Lohnvereinbarungen. Das landesweite Organisationspotential im Interesse der ArbeiterInnen besser zu nutzen und dem schwindenden Einfluß der Gewerkschaften entgegenzutreten ist angesichts der boomenden Billiglohnproduktion in Bulgarien sehr notwendig.

Nach der Privatisierung, schätzt Saschka Dimitrowa ein, kann sich die Situation für die Gewerkschaften bei *Sanja* nur verschlechtern. Besonders Frauen haben Angst, Gewerkschaftsmitglied zu werden, zumal die gewerkschaftlich erkämpften Vorteile für alle Beschäftigten gelten. Tendenziell, so meint Saschka, gäbe es nach der Privatisierung weniger Urlaubsgeld und Urlaub, längere Wochenarbeitszeit, weniger Inflationsausgleich. Von der *Sanja*-Geschäftsleitung bekommen die GewerkschafterInnen die Auskunft, daß ein Inflationsausgleich von den wirtschaftlichen Möglichkeiten der Firma abhänge. Die Gewerkschaft bekommt aber keinen Einblick in Unterlagen, die etwas über die wirtschaftliche Situation der Firma sagen könnten. Umsatz, Produktionszahlen, Namen von Kunden und Labeln bleiben »geheim«. Nur ihre Kosten dürfen die ArbeiterInnen wissen: pro Monat 90.000 bis 100.000 Mark. Bei 1.050 Beschäftigten wären das circa 90 Mark durchschnittlich (inclusive Direktor und Putzfrau) pro Person. Saschkas Kommentar: »Wir sollen nur schuften, sonst nichts.«

Kerstin Bast-Haider

Branchensterben – Frauen aus der ostdeutschen Bekleidungsindustrie

Sonja ist zum Interviewzeitpunkt im März 1995 54 Jahre alt. Sie erlernte den Beruf einer Herrenmaßschneiderin und war in einem oberlausitzer[1] Konfektionsbetrieb viele Jahre als Lehrmeisterin in der Berufsausbildung für Bekleidungsfacharbeiterinnen tätig.

Sie erlebte die Wende[2] als tiefen Einschnitt in ihr persönliches Leben: »Die Wende, diese politische Seite, hat mich eigentlich gar nicht so sehr mitgenommen. Das Schlimmste war für mich, daß ich meinen Arbeitsplatz verloren hab'. Das war das Schlimmste. Und es war das Schlimmste, weil ich immer gehört hab', also in unserem Alter wirst du kaum noch was finden. Und die Textilindustrie dort ist ja, man muß ja sagen, gerade bei uns hier unten in der Region ist ja alles mit der Textilindustrie verbunden gewesen. Das ist ja alles kaputt gegangen, ob das die Webereien waren, ob das die Spinnereien waren oder auch die Bekleidungsindustrie, es ist ja alles kaputt gegangen. Und wenn man jetzt die Kataloge durchblättert, da muß ich ganz ehrlich sagen, ich nehm's den Leuten gar nicht mal übel, daß sie sich das Zeug jetzt über Katalog schicken lassen oder von der Stange kaufen. Es ist ja alles so billig, man könnte so billig gar nicht arbeiten. Und deswegen seh' ich auch in meinem Beruf jetzt so gut wie keine Chance mehr und das ist das Schlimmste, daß ich sag': Ich hab' dreißig Jahre in meinem Beruf so mit Hingabe (gearbeitet d.A.) und dann ist gar nichts, gar nichts mehr und das ist das, was mich am Schlimmsten getroffen hat an der ganzen Sache.«

Der Beruf, der dreißig lange Jahre trug, war »gar nichts mehr«. Denn die ostdeutsche Textil- und Bekleidungsindustrie erlitt infolge des Beitritts zur Bundesrepublik Deutschland einen Strukturbruch[3]. Der Beitritt der DDR zur bestehenden BRD hatte zur Folge, daß sich das wirtschaftliche Gebilde DDR in die bestehenden Wirtschaftsstrukturen der BRD

---

[1] Als Oberlausitz wird der südliche Teil der Lausitz – gelegen im östlichen Dreiländereck Deutschlands, Polens und Tschechiens, u.a. durchzogen von den Flüssen Spree und Neiße – bezeichnet.

[2] Mit »Wende« wird die Zeit des Zusammenbruchs der DDR und der ›Wiedervereinigung‹ umschrieben. – d.Hrsg.

[3] Vgl. Bast-Haider 1994:78f. und 1995

einordnen mußte. Verschiedene Szenarien[4] dieser ›Einordnung‹ bzw. Transformation schienen denkbar. In der Presse fand sich zum Transformationsprozeß der ostdeutschen Textil- und Bekleidungsindustrie meistens nur der Hinweis, daß die Branche jenen Strukturwandel nachholen müsse, den die BRD-Branche in der 60er und 70er Jahren vollziehen mußte[5]. Dieser Transformationsprozeß konnte jedoch nicht auf bloße »nachholende Modernisierung« reduziert werden. Vielmehr löste er grundlegende Strukturverwerfungen aus, die katastrophale Auswirkungen auf die Beschäftigungs- und soziale Situation von Frauen hatten und haben. Zu bedenken ist, daß Betriebsschließungen auch das Ende der betrieblichen Sozialpolitik bedeuteten (Betriebskindergärten, -kinderferienlager, -ferieneinrichtungen, -ärzte, -essen, -verkaufsstelle), die den Frauen die Vereinbarkeit von Beruf und Familie erleichtern sollten.

Sonja in der »Frauensonderklasse« – Bildungsmaßnahmen, die speziell für Frauen mit Kindern eingerichtet wurden, um ihnen günstige Bedingungen für ihre Qualifikation zu bieten

Um wirtschaftlich konkurrenzfähig sein zu können, hätten ostdeutsche Bekleidungsunternehmen dem Vorbild der westdeutschen Branche folgend nach Errichtung der Währungsunion am 1. Juli 1990 quasi über Nacht einen Strukturwandel durchziehen müssen, waren doch ›über Nacht‹ die bisherigen Absatzmärkte weggebrochen:

---

[4] Für die Bekleidungsindustrie stellte ich mögliche Szenarien dieser Einordnung in der Arbeitsgruppe »Wirtschaftsreform« auf dem 5. Soziologiekongreß der DDR im Februar 1990 vor (vgl. Anlage 4. In: Bast-Haider,1994:346-351).

[5] Vgl. z.B. Frankfurter Rundschau vom 07. Juni 1991, S. 9

- Die osteuropäischen, vor allem sowjetischen Abnehmer hätten in Mark bezahlen müssen, was sie nicht konnten.
- Der Binnenmarkt war überschwemmt von Billigprodukten westdeutscher Modekonzerne, die das sehr verkaufsfödernde Image des »davon-bisher-Ausgeschlossenseins« hatten.

Der Strukturwandel hätte ferner den sofortigen Übergang zur Akkordarbeit und eine wesentlich erhöhte Disponibilität der Näherinnen, einen häufigeren Kollektionswechsel und die stärkere Kollektionsdifferenzierung sowie die sofortige Verfügung über ein neues Vertriebsnetz und neues Marketing (Marken, Label, Werbung) erfordert. Zudem hätten auch die Verbilligungsstrategien der westdeutschen Bekleidungsindustrie unverzüglich greifen müssen: hoher Frauenanteil, Auslagerung an Heimarbeiterinnen, passive Lohnveredelung und Zulieferproduktion im Ausland.

Brauchbar waren nach Ansicht eines ›Liquidators‹ der Treuhandanstalt[6] nur der Maschinenpark und die Qualifikation der ArbeiterInnen. Er räumt ein: »Hier die Textima Maschinen (DDR-Textilmaschinenmarke – d.Hrsg.), die sind doch nicht schlecht. Sind doch auch früher weltweit verkauft worden. Nicht, also das ist nicht die Frage der Technik. Nicht, und die neuen Bundesländer oder Ostdeutschland ist ein, ja wie sagt man, ein Hochlohnland. Das, der Preis der Vereinigung oder der gleichen Tarife oder annähernd gleichen Tarife, ist 'ne politische Entscheidung, daß ich die Konsum-, 'ne Leichtindustrie in der DDR nicht haben will. Das ist für die Betroffenen natürlich hart, die da arbeiten.«

In Ostdeutschland halbierte sich die Beschäftigtenzahl in der Textil- und Bekleidungsindustrie zwischen September 1989 und März 1991, also innerhalb von *ein und einem halben Jahr*. Wir sprechen von 140.000 ArbeiterInnen,[7] die ihre Arbeit verloren, darunter sehr viele Frauen. Zum Vergleich: In der Alt-BRD erfolgte ein ähnlicher Einbruch von 400.000 auf 165.000 Beschäftigte in der Textil- und Bekleidungsindustrie zwischen 1957 und 1982, also innerhalb von 25 Jahren.

In der Oberlausitz kam es zu einem Rückgang der Arbeitsplätze in der Textil- und Bekleidungsindustrie von 34.519 Personen am 30.9.1989 auf 3.617 Personen am 30.11.1992[8], also von 90 Prozent innerhalb von gut drei Jahren! Es war für die entlassenen Frauen so gut wie aussichtslos,

[6] Die Privatisierungs- und Abwicklungsinstitution für die ostdeutsche Wirtschaft.

[7] In den Oberbekleidungskombinaten der DDR arbeiteten zu 80 Prozent Frauen.

[8] Operationelles Programm RETEX (Gemeinschaftsinitiative zugunsten der vom Textil- und Bekleidungssektor stark abhängigen Regionen) für den Freistaat Sachsen, in der Version vom Oktober 1995, S. 5

darauf zu hoffen, im erlernten Beruf noch einmal Arbeit zu finden. Ihr Beruf war im Gegensatz zu DDR-Zeiten nicht mehr existenzsichernd.

Im Fall von Sonja zeigte sich dies zunächst darin, daß sie Ende 1989 in die Produktion als Schichtmeisterin wechseln mußte, denn der Betrieb bildete keine Bekleidungsfacharbeiterinnen mehr aus. Diese Zeit schildert sie so: »Ich bin als Schichtmeisterin in die Produktion gegangen. Wir hatten dann keinen Absatz mehr. Die Sowjetunion konnte bei uns nichts mehr kaufen nach der Wende, sie war ja unser größter Partner, den wir hatten, die Sowjetunion. Wir haben tausend Stücke von einer Form in die Sowjetunion geliefert und als das nun alles kaputt ging, dann machte unser Betrieb auch zu. Und wir standen alle auf der Straße. So auch ich.«

Sonja erlebte ihre Dequalifizierung wie zehntausende andere Frauen der Textil- und Bekleidungsindustrie in Ostdeutschland: Von der Leiterin des Berufsberatungskabinetts zur Tupperwareberaterin; von der Ingenieurökonomin zur arbeitslosen Frau, die eine EDV-Weiterbildung macht; von der Näherin zur Reinigungskraft, von der Lehrausbilderin zur Altenpflegerin.

Zusätzlich erschwerten Sonjas Alter und die schlechte Arbeitsmarktsituation der Oberlausitz ihre Chancen, wieder Fuß zu fassen. Doch ungeachtet der ihr bewußten Nachteile und der strukturellen Benachteiligung von Frauen in der bundesdeutschen Gesellschaft überhaupt wandte sie sich sofort ans Arbeitsamt und bewarb sich um eine Umschulung zur Sozialberaterin. Damit konnte sie an die pädagogische Seite ihrer Qualifikation als Lehrmeisterin anknüpfen. Drei Semester saß sie auf der Schulbank, konnte aber nach erfolgreichem Abschluß in dieser Tätigkeit keine Arbeit finden.

Es gelingt ihr noch einmal, an ihre alte berufliche Tätigkeit anzuknüpfen. Sie unterrichtet als Dozentin an einer Hauswirtschaftsschule. Dort bewältigte sie alles, was mit Textilarbeit, mit Näherei, mit Sticken, mit Stricken, mit Handarbeiten zu tun hatte. Aber diese Schule »...ging ein Jahr später auch kaputt. Und da stand ich wieder da.«

1994 beginnt sie schließlich eine Arbeitsbeschaffungsmaßnahme (ABM) in ihrem umgeschulten Beruf als Sozialberaterin, fühlt sich in dieser neuen Tätigkeit aber nicht wohl. »In meiner vorhergehenden Tätigkeit als Lehrmeister, da sah ich zum Feierabend, was wir geschafft hatten. Da lagen eben solche Berge von Jacken und Hosen da und die mußten kontrolliert werden und ausgebessert werden. Und was die Lehrlinge alleine konnten, das haben sie gemacht, was nun nicht mehr ging, das hab' ich dann natürlich gemacht. Und das war irgendeine Befriedigung für mich. Ich bin mit dem Gedanken aus der Lehrwerkstatt rausgegangen: Der Tag war ein richtig schöner Arbeitstag. Du hast was geleistet. Die

Mädchen haben etwas gelernt und morgen früh geht's wieder von vorne los.... Ich hab' jetzt immer noch ständig Angst, daß ich etwas falsch mache. Früher, sicher, hab' ich auch mal was falsch gemacht. Aber ich konnte es immer wieder alleine ausbügeln, was mit der Näherei zu tun hatte. Und wo ich jetzt manchmal in meinem jetzigen Beruf... ich kann's nicht als Beruf bezeichnen. Ich fühl' mich nicht berufen direkt dazu. Vielleicht ist es wieder zu ehrlich von mir, daß ich das sag'. Aber ich bin immer noch mit Leib und Seele Schneider.«

Die Frauen-ABM für Näherinnen

Sonja kann ein halbes Jahr nach ihrer Einstellung für 24 Stunden pro Woche als Sozialberaterin, zusätzlich 12 Stunden pro Woche in Grenzdorf in einer Frauen-ABM für Näherinnen als Lehrkraft arbeiten. Ihre zeitlich befristete Anstellung wird finanziell durch den Europäischen Sozialfonds ermöglicht, der als Bestandteil jeder ABM einen Qualifikationsanteil vorsieht. Sie unterrichtet fast ausschließlich gelernte Bekleidungsfacharbeiterinnen, Frauen, die jahrelang im Akkord tätig waren. Diese Frauen fühlen sich einerseits in der ABM leistungsmäßig unterfordert, schätzen es aber andererseits fast alle, auf diese Art wenigstens befristet in ihrem alten Beruf tätig sein zu können. Sie fertigen für andere Beschäftigungsprojekte Arbeitskleidung, Bettwäsche für die Innenausstattung der durch den ABM-Träger fertiggestellten sozialen Bauprojekte, Uniformen für Spielmannszüge und Museen oder erledigen Zuarbeiten für andere gemeinnützige Vereine.

Die 13 Näherinnen, die zu DDR-Zeiten alle in oberlausitzer Bekleidungsbetrieben gearbeitet hatten, waren vor dieser ABM, die im November 1994 begann, durchschnittlich 40 Monate arbeitslos.

Allerdings galt für die ABM-Näherinnen noch viel mehr als für Sonja, daß ihr ursprünglich erlernter Beruf ihre Existenz nicht mehr würde sichern können. Insofern verzögerte diese ABM ihre berufliche Neuorientierung. Es sei denn, daß einige der darin tätigen Frauen von vornherein auf eine ›Arbeitsamtskarriere‹ spekulierten und sich damit abgefunden hatten, keine reguläre Erwerbsarbeit mehr zu finden. Andere werden ihre Weiterbildung mit »das kann ja nicht schaden« angetreten haben und damit die Arbeitslosenstatistik für kurze Zeit geschönt haben. Frauen mit kleinen Kindern werden nach kurzer Zeit als »nicht vermittelbar« gestrichen, da sie ja ihre Kinder betreuen müßten. Wer fragt die Väter dieser Kinder, ob sie ihre Kinder untergebracht haben? Offensichtlich wird erwartet, daß sich Ex-DDR-Frauen über kurz oder lang daran gewöhnen werden, Arbeitsmarktreserve zu sein, einzuspringen wenn gerade mal

Bedarf ist, sich wegdrängen zu lassen, wenn gerade mal kein Bedarf da ist.

Der ABM-Träger bot aber auch Frauen-ABM im handwerklichen Bereich an – in einer Maler- und Tischlergehilfinnen-ABM . Sie sollten der beruflichen Neuorientierung dienen. Wenn diese Berufsfelder hier wie selbstverständlich aufgezählt werden, so ist dies doch nicht ganz so selbstverständlich, wie es scheint. Frauen als Näherinnen, das wird ohne weiteres von der öffentlichen Meinung akzeptiert. Aber als Tischlerinnen und Malerinnen? Wie würden die erwerbslosen Frauen das Angebot des Arbeitsamtes aufnehmen, in einer Tischlerei oder Malerwerkstatt zu arbeiten?[9]

Die Maler- und Tischlergehilfinnen-ABM

Von den in der Tischlergehilfinnen-ABM beschäftigten Facharbeiterinnen aus Fremdberufen (neun Frauen, darunter einige aus der Textil- und Bekleidungsindustrie) wollten sieben im Tischlerinnenberuf bleiben, entweder eine Umschulung oder eine Tätigkeit als Tischlerhelferin in einem Handwerksbetrieb aufnehmen.

Von den Frauen der Malerinnen-ABM konnten sich über die Hälfte vorstellen, im Berufsfeld zu bleiben. Hier waren vier von sieben branchenfremde Teilnehmerinnen, die sich den Malerinnenberuf als Grundlage ihrer künftigen beruflichen Entwicklung wünschten. Aber sowohl die Frauen in der Tischlergehilfinnen-ABM, als auch in der Malergehilfinnen-ABM waren skeptisch, ob sich auf dem 1. Arbeitsmarkt diese Wünsche verwirklichen lassen würden. Sie vermuteten, daß es nur wenige oder gar keine privaten Handwerksbetriebe geben würde, die Frauen als Tischlerinnen oder Malerinnen einstellen würden. Schon beim gewünschten Übergang von der ABM in eine Umschulung stellten diese Frauen fest, daß ihr Wunsch, sich dauerhaft im neuen Berufsfeld zu etablieren, auf Hindernisse stoßen würde.

Denn das Arbeitsamt bot zum damaligen Zeitpunkt im handwerklichen Bereich überwiegend Umschulungen für Männer an: Maurer, Dachdekker, Heizungs- und Lüftungsbau, Trockenbau, Stukkateur und Maler. Eine Tischlerumschulung gab es nicht, lediglich eine Ausbildung zur Tischlerhelferin – aber das waren sie eigentlich bereits nach zwei Jahren ABM. Damit schien der so verheißungsvolle berufliche Neuanfang von zwei

[9] Vgl. dazu ausführlicher Bast-Haider 1996: 100-120

Jahren ABM im Berufsfeld Tischler auf Dauer zum Scheitern verurteilt. Der Abteilungsleiter ABM des zuständigen Arbeitsamtes kommentierte die Kritik am unzureichenden Umschulungsangebot für Frauen mit der Bemerkung, was es nütze, Frauen in diesem Beruf zu qualifizieren, wenn sie hinterher sowieso wieder arbeitslos sein würden. Denn Handwerksbetriebe auf dem 1. Arbeitsmarkt würden keine Frauen nehmen. Da nütze es auch nichts, jede Menge Frauen als Stukkateure auszubilden.

Dennoch hatten die Frauen die erste Hürde genommen: Sie trauten sich zu, in einem von Männern dominierten Berufsfeld Fuß zu fassen.

In Zusammenarbeit mit dem Beschäftigungsträger und dem Fortbildungszentrum für Denkmalpflege und Handwerk gelang es dann, ein Weiterbildungsangebot auf dem für sie neuen beruflichen Feld zu unterbreiten und damit Voraussetzungen für den Einstieg in eine Nische des 1. Arbeitsmarktes zu schaffen. Im Januar 1997 begann die Ausbildung zur »Gehilfin für Arbeiten in der Denkmalpflege«. Das Arbeitsamt begründet: »Frauenerwerbsarbeit in handwerklichen Betrieben ist in Europa noch immer keine Selbstverständlichkeit. Gerade in kleinen und mittelständischen Betrieben liegen Chancen, einen Arbeitsplatz in der Region zu erhalten. (...) Mit dem Modellprojekt soll der Versuch unternommen werden, langzeitarbeitslosen Frauen eine entsprechende Qualifikation in einem regionalen Trägerverbund im Bereich der Denkmalpflege anzubieten. Die fundierte Fortbildung und die Zertifizierung dieser Fortbildung werden den Frauen bessere Chancen zur Integration auf dem ersten Arbeitsmarkt einräumen. Schon zum gegenwärtigen Zeitpunkt hat ein deutsch-polnisches Unternehmen mit einer oberlausitzer Niederlassung Einstellungsgarantien gegenüber dem Fortbildungszentrum erklärt.«

Die Gehilfinnen sollen in Handwerksbetrieben und Restaurierungsunternehmen bei Denkmalpflegearbeiten mitwirken können: verschiedene Maltechniken, Aufarbeitung von Möbeln, Stuck, von Fenstern und Türen und Reparatur von Verkleidungen. Allerdings endet ihre Weiterbildung mit keinem Facharbeiterinnenabschluß, wenngleich der Weiterbildungsträger bemüht ist, die Anerkennung dieser Ausbildung in der Handwerkskammer durchzusetzen. Es bleibt abzuwarten, ob dies und der Einstieg der Frauen in den regulären Arbeitsmarkt gelingen werden.

Das Frauenprojekt »Leinenhaus«

Diese Projektidee verweist darauf, daß es oberlausitzer Frauen gibt, die die regionalen Potenzen der Oberlausitz in Form der denkmalgeschützten Umgebindehäuser (oberlausitzer Art des Fachwerkbaus – d.Hrsg.) und dem darin seit Jahrhunderten beheimateten Textilhandwerk nutzen wollen, indem sie die Schaffung *ihrer* Arbeitsplätze selbst in die Hand nehmen. »Seit mehreren Jahren arbeitet der Verein in Grenzstadt mit Frauen zusammen, die nur über den zweiten Arbeitsmarkt eine Beschäftigung finden konnten. Da die Beschäftigungslage unserer Region in der nächsten Zeit keine Besserung auf dem Arbeitsmarkt erwarten läßt, entstand die Idee zur Gründung einer gemeinschaftlichen Existenz. Die in unserem Verein beschäftigten Frauen sind zahlenmäßig aber zu wenig, um eine Existenzgründung zu schaffen und hoffen, weiter interessierte Partnerinnen zu finden.«[10]

Unterstützt werden könnten sie dabei durch die Initiative *RETEX* der EG-Kommission. Diese verabschiedete im Oktober 1995 ein Programm zugunsten der vom Textil- und Bekleidungssektor stark abhängigen Regionen. Die oberlausitzer Textilregion mit den traditionellen Schwerpunktsortimenten Garne und Gewebe der Baumwollindustrie, Frottierwaren, technische Textilien und Bekleidungs- und Trikotagenerzeugnisse soll mit Unterstützung von *RETEX* wirtschaftlich neu belebt werden, anknüpfend an die regionale Tradition der Textilindustrie und eingedenk der Impulse, die von dieser Industrie zur Entwicklung des Maschinenbaus und Sondermaschinenbaus[11] ausgingen.

Die *RETEX*-Förderung beinhaltet z.B. das Verbundsystem Flachsfaser. EG-Gelder werden in Ostdeutschland mehr von Männern beantragt als von Frauen. Insofern trägt diese Projekt dazu bei, auch Frauen diese Fördermöglichkeiten zugänglich zu machen.

Auf jeden Fall insistieren die beteiligten Frauen auf einem regionalen Zusammenschluß im Sinne der Schaffung regionaler Wirtschaftskreisläufe. Umweltverträgliche Textilproduktion wird so möglich. Es entfallen die langen Transportwege, nicht nur für die Textilien, sondern auch für die nun am Wohnort arbeitenden Frauen.

Als Sonja zum Interviewende gefragt wird, was sie sich am meisten wünschen würde, wenn sie einen Wunsch frei hätte, antwortet sie: »Es gibt bloß eins, ich will meine Lehrwerkstatt wiederhaben.« Sonjas Wunsch bleibt unerfüllt. Sie arbeitet im Mai 1997 nach einem Jahr Arbeitslosigkeit wieder in einer ABM als Sozialberaterin. Sechs Wochen später ist sie arbeitslos, da es sich nur um eine Krankheitsvertretung handelte.

---

[10] Zitat aus der Einladung zur ersten Versammlung des Frauenprojektes.

[11] Im Unterschied zu westdeutschen Textil- und Bekleidungsbetrieben, die kaum über eigene Forschungs- und Entwicklungsabteilungen verfügten bzw. ihre Forschungs- und Entwicklungsarbeiten ausgelagert hatten (vgl. Adler/Breitenacher 1984:87) wurden diese in der DDR massiv staatlich gefördert.

So wie sie war, wird es die oberlausitzer Textil- und Bekleidungsindustrie wohl nicht mehr geben. Aber in den in dieser Industrie tätig gewesenen Frauen stecken Potentiale und Talente, die ihnen auf ihren Wegen in die berufliche Zukunft helfen werden. Den Weg der beruflichen Neuorientierung haben Sonja und mit ihr zehntausende Frauen aus der Textil- und Bekleidungsindustrie beschritten. Einer der Wege führt aber auch ins traditionelle oberlausitzer Textilhandwerk hin zu umweltverträglicher Produktion.

Literatur:

Ullrich Adler/Michael Breitenacher: *Bekleidungsgewerbe. Strukturwandlungen und Entwicklungsperspektiven.* Ifo-Institut für Wirtschaftsforschung, Berlin/München 1984

Kerstin Bast-Haider: Freier Fall in die Marktwitschaft? *Forschungsschwerpunkt Arbeit und Bildung Band 27*, Bremen 1994

Kerstin Bast-Haider: The Economic Dimension of Social Change: Women in East German Clothing Industry. In: Social Politics. International Studies in Gender, *State & Society*, Volume 2, Number 1, Spring 1995, Illinois/USA

Brigitte Hauschild

»Mit Würde fingen wir an – mit Würde werden wir aufhören«

Die Geschichte der Näh-Cooperative »Julia H. de Pomares« in Nicaragua

Gründung

Die Bildung von Produktions-Cooperativen wurde von der sandinistischen Regierung, die 1979 die Somoza-Diktatur durch eine Volksbewegung abgelöst hatte, unterstützt und gefördert. Zum einen, um die Produktion anzukurbeln, zum anderen entsprach das Arbeiten im Kollektiv der Philosophie selbstgestalteter humaner Arbeitsplätze.

Neben der Zuteilung von Rohmaterial für die Produktion war auch der Vertrieb (Absatzmarkt) staatlich organisiert und dadurch gesichert. Die spätere Cooperative *Julia H. de Pomares* (im folgenden Text *Julia* genannt) hat ihre Produkte über die *Union Nacional de Agricultores* (UNAG) vertrieben, die einmal im Monat die gesamte Produktion in der *Julia* abholte und sie in den ländlichen Regionen des Nordens Nicaraguas, nahe der Grenze zu Honduras, an sogenannte »tiendas campesinas« (kleine Geschäfte auf dem Land) auslieferte.

Da das Familieneinkommen vielfach nicht ausreichte, um die Lebenshaltungskosten zu decken und viele Männer ihren Militärdienst leisteten, um die befürchteten Agressionen der Vereinigten Staaten und der Contra (teilweise von den USA bezahlte Söldner, die Überfälle durchführten) abzuwehren, bestand für etliche Frauen in ganz Nicaragua die Notwendigkeit, die Versorgung der Familie sicherzustellen. Auch die Frauen der *Julia* haben u. a. aus diesem Grunde ihre Cooperative gegründet.

Die Vorlaufphase der Gründung der Cooperative dauerte ungefähr ein Jahr. Manchmal trafen sich in den von den Sandinisten initiierten Stadtteilkomitees mehr als 50 Frauen teilweise ohne ›Erlaubnis‹ ihrer Männer, um sich über die Voraussetzungen zur Gründung einer Cooperative zu informieren.

Ohne Erlaubnis der Männer etwas in einem machistischen Land zu tun, kann schmerzhafte Folgen haben, denn Gewalt gegen Frauen war damals und ist heute noch ein sehr trauriges Kapitel in Nicaragua. In der

Vorlaufphase der Cooperative lösten die Versammlungen der Frauen oft innerfamiliäre Probleme aus, die in einigen Fällen bis zur Scheidung führten.

Für die Frauen, die sich diesen innerfamiliären Problemen gestellt haben, war deshalb die Gründungszeit der Anfang für die Entwicklung von Selbstbewußtsein, Würde und Eigenständigkeit.

Noch etwas anderes kennzeichnete die Gründungszeit: die Frauen begannen, gemeinsam zu lernen und etwas zu organisieren. In ihren Versammlungen wurde u.a. das Cooperativengesetz aus dem Jahre 1972 studiert: Eine Frau las vor, während die anderen zuhörten und nachfragten. Gemeinsam wurde diskutiert. Außerdem mußte ein Raum gefunden werden, in dem viele Frauen Platz hatten. Nach Anträgen bei verschiedenen staatlichen Stellen wurde ihnen einer zur Verfügung gestellt.

30 begeisterte Frauen waren nun willens, zukünftig gemeinsam zu arbeiten. Sie brachten die Nähmaschinen in die Cooperative und zahlten das zusammengesparte Kapital auf ein neugegründetes Konto. Jede Frau, die Mitglied werden wollte, mußte 1.000 Cordobas und eine Nähmaschine in die Genossenschaft einbringen. 1.000 Cordobas entsprachen damals 100 US-Dollar und waren für die meisten Frauen nur schwer aufzubringen.

Bis zur Gründung der Cooperative waren viele der Mitglieder im Hause arbeitende Frauen. Etliche verdienten bereits Geld als Schneiderinnen.

Ivania arbeitete vor der Gründung der Coop in einer Maquila und nähte für den Export.

Sie berichtet: »1980, als mein jüngster Sohn drei Jahre alt war, fing ich an, in der Textilfabrik *Carlos Fonseca* zu arbeiten. Bis 1980 war ich zu Hause und habe zusammen mit meiner Mutter Näharbeiten ausgeführt. Meine Mutter hat zugeschnitten und ich habe genäht. Ich bin keine gelernte Schneiderin, sondern habe durch Ausprobieren das Nähen gelernt. Was wir nähten, hatte nur gerade Nähte, z. B. Bettwäsche und einfache Shorts.

Das Einkommen meines Mannes reichte nicht aus, unsere sechsköpfige Familie zu ernähren. Deshalb beschloß ich, Arbeit außerhalb des Hauses zu suchen. Um mit dem Bus fahren zu können, der uns in die Fabrik brachte, mußte ich morgens um fünf Uhr an der Straßenecke stehen. Normalerweise war um 17 Uhr Feierabend.

Vor der Revolution (der Sandinisten von 1979 – B.H.) gab es bereits in der Nähe des Flughafens eine Freihandelszone. Nach der Revolution wurden private Firmen teilweise verstaatlicht. In einigen Fabriken wurde nach dem System der heutigen Freihandelszonen[1] gearbeitet. Gewerkschaften waren dort erlaubt und die Ausbeutung der menschlichen Arbeitskraft hatte nicht das Ausmaß, wie es heute in den Maquila-Fabriken anzutreffen ist.

In einer solchen Fabrik habe ich gearbeitet. Dort wurden Hemden für den Export hergestellt. Es wurde in ›Kette‹ gearbeitet und mit vorgegebenen Stückzahlen. Ich mußte z. B., als ich anfing, die fertigen Hemden von Restfäden säubern und die Qualität prüfen. Wenn ein Hemd irgendwelche Fehler hatte, wurde es aussortiert. Danach arbeitete ich am Ende der Produktionskette und mußte Knöpfe annähen, später wechselte ich den Arbeitsplatz und nähte Manschetten und Kragen an. Insgesamt war ich ungefähr drei Jahre in dieser Fabrik. Wir mußten Überstunden machen und bei Bedarf auch sonntags arbeiten. Das hat dazu geführt, daß ich Probleme mit meinem Ehemann bekam, weil ich für die Kinder und den Haushalt nur wenig Zeit hatte. Außerdem habe ich durch die anstrengende Tätigkeit ernsthafte Schwierigkeiten mit den Nieren bekommen.

Irgendwann erfuhr ich, daß es in meinem Stadtteil eine Gruppe von Frauen gab, die eine Cooperative gründen wollten. Da bin ich dann abends nach der Arbeit immer zu den Versammlungen gegangen. Die beiden Hauptgründe dafür, daß ich mich den Frauen anschloß, waren ständige Überstunden und gesundheitliche Probleme. Ich habe drei Monate lang gezögert, ob ich mich wirklich für das Arbeiten in der Cooperative entscheiden sollte. Aber letztendlich habe ich mich dafür entschieden.«

Rosario Lopez berichtet: »Schon als Kind hat es mir Spaß gemacht, für meine Puppe Kleider zu nähen. Als ich älter war, verkaufte mein Pflegevater ein Stück Land und kaufte davon eine Nähmaschine. Damit habe ich dann angefangen, nähen zu lernen. In die Cooperative bin ich eingestiegen, weil ich in der Nähe wohnte und mich immer nach einer Familie gesehnt habe. Und die Cooperative ist meine wirkliche Familie geworden.«

Anfänge der Cooperative – 1984 bis 1987

Am 13. Februar 1984 wurde die *Julia* gegründet. Den Namen *Julia Herrera de Pomares* haben die Frauen ausgesucht, um damit eine Frau zu ehren, die im Kampf gegen Somoza gestorben ist. Sie war wie die Frauen der Cooperative Schneiderin.

[1] Freihandelszonen sind Gewerbegebiete, in denen zoll- und steuerbegünstigt oder –befreit ex- und importiert werden darf.

Für die Frauen, von denen die meisten keine abgeschlossene Schulbildung hatten, war die Aufgabe der Betriebsführung ihrer *Julia* das größte Problem. An den alten Protokollen ist unschwer zu erkennen, daß ihnen das Schreiben Mühe machte – ganz zu schweigen vom Rechnen. Für die Frauen stand nun die Produktion im Vordergrund und für viele auch das Erlebnis, erstmals in ihrem Leben außer Haus zu arbeiten, den ganzen Tag mit anderen Frauen zu verbringen, bei der Arbeit häusliche Probleme besprechen zu können und natürlich gemeinsam Schwierigkeiten in der Cooperative zu lösen.

Die Frauen haben mit Unterstützung des Dachverbandes der Klein- und Mittelindustrie interne Regeln für die sozialen Verhältnisse und administrativen Aufgaben in der Cooperative aufgestellt.

Cooperativen verfolgen ein anderes Konzept als ›normale‹ Produktionsbetriebe. Sie versuchen, die produktive Arbeit und das Alltagsleben miteinander zu verbinden, um Raum zu schaffen, den Anforderungen von Beruf und Familie gerecht zu werden. Dabei ist ein hohes Maß an Disziplin und gegenseitigem Verständnis erforderlich, was sich im Laufe der mehr als 13 Jahre, die die Frauen nun schon zusammen arbeiten, ständig verbessert hat.

In den ersten drei Jahren bestanden für die Coop keine wirtschaftlichen Probleme. Neben Frauen, die perfekte Schneiderinnen waren, arbeiteten Frauen, die erst in der Cooperative das Nähen gelernt hatten. Einige konnten zwar eine Nähmaschine bedienen. Aber sie waren keine ausgebildeten Schneiderinnen, als sie Mitglieder der Coop, die *Socias* wurden. Jede Frau nähte ein Kleidungsstück, lediglich der Zuschnitt wurde von einem Team durchgeführt.

Die Frauen hatten gemeinsam beschlossen, sich nach ihrer Produktionsleistung zu bezahlen. Das bedeutete, daß eine Frau, die schnell nähte, mehr verdiente als eine, die langsamer arbeitete. Aber sehr bald merkten die Frauen, daß auch die Qualität eine wichtige Rolle spielte. Jede Frau kennzeichnete ihre genähten Produkte mit ihren Initialen, so daß sie bei Qualitätsmängeln selbst den Mangel beheben mußte. Das führte dazu, daß die Frauen bereits beim Produzieren auf die Qualität achteten. Für die ›unproduktiven‹ Zeiten errechneten die Frauen einen Mittelwert, den sie zahlten, wenn z. B. die Verantwortliche für Finanzen die Einnahmen zur Bank brachte, die Verantwortliche für Produktion Materialien einkaufte etc.

In der Cooperative näht bis heute jede Näherin *ihr* Produkt von Anfang an bis zur Fertigstellung. Im Gegensatz dazu wird in den Maquila-Fabriken in »Operationenen« produziert: eine Arbeiterin näht nur Taschen an Hosen, nur Kragen oder Manschetten oder Knopflöcher etc. Dafür kommen aus einem anderen Ende der Welt containerweise bereits fertig zugeschnittene Teile in die Fabrik.

Das Miteinander in der Cooperative gestaltete sich anfangs teilweise schwierig, weil auf dem sehr beengten Raum nicht nur 30 Frauen arbeiteten, sondern zeitweilig zusätzlich bis zu 25 Kinder zwischen den Maschinen spielten.

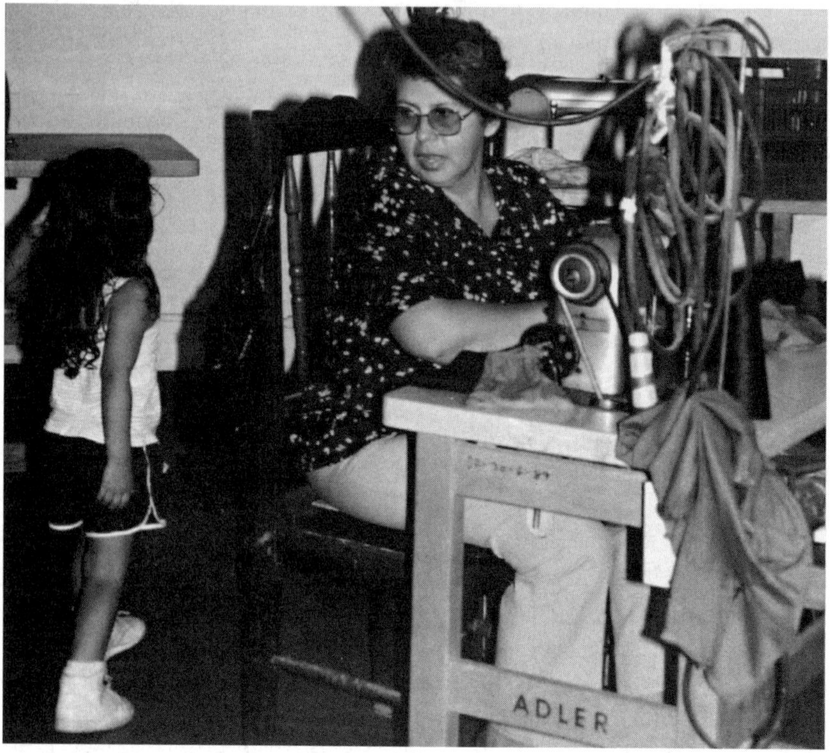

Cristina

Zusammengehalten durch die Notwendigkeit, Geld verdienen zu müssen, werden immer auch die anfallenden Probleme besprochen. Die Frauen waren zu Beginn ungeübt im Diskutieren, und es war für viele ein schwieriger Lernprozeß, ihre Meinung zu äußern, unterschiedliche Positionen zu akzeptieren, sich auf einander zuzubewegen und für alle akzeptable Lösungen bei anfallenden Problemen zu finden.

Hier liegt ein weiterer wesentlicher Unterschied zu herkömmlichen Betrieben und noch krasser zu den Arbeitsbedingungen in Maquila-Betrieben. Dort sind noch nicht einmal Gewerkschaften erlaubt. In einem Betrieb wie der Cooperative hingegen können die Frauen in einem gröeren Rahmen selbst über wirtschaftliche und soziale Fragen entscheiden. Im Laufe der Jahre haben die Frauen ein sehr feines Gespür dafür entickelt, wo die Schwächen und Stärken der einzelnen Frauen liegen. Das spiegelt sich in den Wahlen wieder: Es ist z. B. in den letzten Jahren nicht mehr vorgekommen, daß die Frauen Personen in Ämter gewählt haben, bei denen sie das Gefühl hatten, daß sie damit überfordert seien. Es flieen unbewußt die unterschiedlichen Bildungsgrade und die menschlichen Qualitäten in die Entscheidungen der Frauen ein.

Luisa z. B., eine stille Frau, war über viele Jahre die Verantwortliche für soziale Angelegenheiten und hat diese Aufgabe hervorragend gelöst, selbst in den Jahren, als die Cooperative mit Verlusten abgeschlossen hat und nur wenige oder gar keine finanziellen Überschüsse zur Verfügung standen. Die Anerkennung aller Frauen hat ihr geholfen, sich zu einer Persönlichkeit zu entwickeln, die es ihr trotz ihrer geringen Schulbildung heute ermöglicht, den Posten der Koordinatorin (Leiterin) ausfüllen zu können.

Luisa erzählt: »Ich habe mein ganzes Leben gearbeitet. Als Kind zu Hause auf dem Feld oder im Haus und später als Hausmädchen, dann als Kindermädchen und viele Jahre in einer Bäckerei. In der Cooperative habe ich als Küchenhilfe angefangen, aber immer mit dem Wunsch, irgendwann als Schneiderin arbeiten zu können. Zuerst war kein Platz frei, aber nach einigen Monaten konnte ich dann in die Schneiderei überwechseln.

Meinen Titel als Schneiderin habe ich in einer Schule für Schneiderinnen erworben. In die Cooperative bin ich u.a. deswegen eingestiegen, weil die Arbeit in der Bäckerei sehr anstrengend war. Außerdem war die örtliche Lage der Coop sehr günstig, denn ich wohnte nur circa 500 m entfernt. In der Cooperative habe ich viel Neues gelernt. Mein Beruf als Schneiderin macht mir Spaß. Obwohl ich auch zu Hause als Schneiderin arbeiten könnte, macht es mehr Spaß, im Kollektiv zu arbeiten. Mir gefällt die Entwicklung, die wir alle gemeinsam durchlebt haben, wie wir im Laufe der Jahre zusammengewachsen sind, wie jede einzelne Frau und das Kollektiv sich weiterentwickelt haben. In all den Jahren haben wir nicht nur die Arbeit geteilt, sondern auch das Leben und die Erfahrungen jeder einzelnen. Trotzdem glaube ich, daß wir noch weiter daran arbeiten können, unsere kleinen Egoismen zu überwinden. Manchmal vergessen wir, wie wichtig jede einzelne im Kollektiv ist. Besonders jetzt, wo wir nur noch wenige sind. Obwohl uns meistens bewußt ist, daß wir alle zusammen wie ein gut funktionierender Körper sind, vergessen wir das manchmal. Das ist dann wie Sand im Getriebe einer Nähmaschine.«

1988 bis 1990

Bis Ende 1987 hatte die Cooperative ständig ausgelastete Produktion. Den Frauen war es gelungen, eine Berliner Solidaritätsgruppe zu finden, die der Cooperative ein eigenes Produktionsgebäude spendete. Ab Mai 87 wurde daran gebaut, und an den freien Wochenenden bauten auch die Frauen an *ihrem* neuen ›Arbeits-Zuhause‹ mit. Viele von ihnen kamen in jener Zeit zum ersten Mal mit Hammer, Zange und anderen Werkzeugen in Berührung.

Noch während der Bauzeit gab es Ende 1987 in der Region, an die die Coop ihre Produkte lieferte, einen Überfall der regierungsfeindlichen Contra mit vielen Toten. Die Bauern verließen aus Angst die Region. Mit diesem Überfall verlor die Cooperative ihren gesicherten Absatzmarkt.

Am 14. Februar 1988, dem Tag nach der Einweihung des neuen Gebäudes der Cooperative, führte eine Währungsreform dazu, daß die Cooperative auch finanziell am Ende war. Sie verfügte zudem über keine finanziellen Rücklagen oder Kreditmöglichkeiten, um die Auswirkungen der Währungsreform aufzufangen.

Das ausgebildete Fachpersonal in der Administration mußte entlassen und dessen Aufgaben von den Socias selbst übernommen werden. Von Februar bis Juli 1988 verließen 16 der 30 Frauen die Cooperative, um mit anderen Tätigkeiten ihren Lebensunterhalt zu verdienen.

An die Gruppe in Berlin, die das Gebäude gespendet hatte, wandten sich die Frauen mit der Frage, ob es eine geeignete Person gäbe, die sie für einen längeren Zeitraum in Fragen der Administration, Buchführung und Marktsuche beraten und ausbilden könnte. So kam ich, die Schreiberin dieses Artikels, zum zweiten Mal nach Nicaragua. Ich kannte die Frauen der Cooperative aus der Bauzeit als eine der insgesamt 100 Freiwilligen, die das Gebäude errichtet hatten.

Während der ersten Monate nach dem großen Schock brachten die Frauen gebrauchte Kleidung von Zuhause mit und änderten diese. Die geänderten Produkte haben sie dann, im Stadtteil von Haus zu Haus ziehend, angeboten.

Die Frauen nähten alles: Windeln, Bettwäsche, Damen- und Herrenkleidung, aber am meisten und am liebsten Kinderkleidung. Dabei ging ihnen auch nie die Phantasie aus. Alle Produkte hatten zum besseren Einprägen Namen. Hinter den Namen verbargen sich die Frauen oder die Kinder der Socias. So gab es das Kleid »Darma«, eine Kinderhose

»Briaxi«, einen Rock »Ivania«, ein Kleid »Margarita«. Jede Socia und alle Kinder waren mit einem Produkt in der Coop vertreten.

Die Verantwortliche für Finanzen mußte sich in die Grundlagen der Buchführung einarbeiten. Die Verantwortliche für Produktion lernte, Kostenvoranschläge zu machen und Preise für die einzelnen Produkte zu berechnen. Wegen der Inflation wurden sie in US-Dollar angegeben und beim Verkauf mußten die Socias per Taschenrechner die jeweiligen Tagespreise errechnen, denn trotz Währungsreform setzte sehr schnell wieder eine starke Inflation ein: Im Februar 1988 betrug das Verhältnis von Cordoba zu US-Dollar 1:1, im Februar 1990 56.000:1.

Eine Socia wurde in die Lagerbuchhaltung der Fertigprodukte eingearbeitet. Eine andere Frau lernte, den Zugang von Materialien (Stoffe, Knöpfe, Reißverschlüsse etc.) auf Karteikarten zu erfassen. Den anfallenden Schriftverkehr mußte nun die Koordinatorin zu erledigen lernen, denn auch eine ausgebildete Sekretärin gab es nicht mehr.

Seit die Erzeugnisse nicht mehr aus der Cooperative abgeholt wurden, war ein fahrbarer Untersatz überlebenswichtig. Die Verantwortliche für den Verkauf war deshalb auch eine derjenigen, die den Führerschein machte. Sie besuchte Betriebe, Schulen, Verkaufsstellen und Supermärkte, um dort zu verkaufen. Außerdem nahmen die Frauen an Stadtteilaktivitäten teil und verkauften dort ihre Textilien.

An Zahltagen brachten die Frauen ihre Produkte in die großen Firmen, breiteten sie in der Kantine über einer einfachen Schnur aus, sodaß die Arbeiter und ArbeiterInnen während der Mittagspause das Angebot begutachten, und wenn sie ihren Lohn erhalten hatten, einkaufen konnten, was sie für ihre Familien brauchten.

An Zahltagen war die Cooperative deshalb leergefegt: Morgens rückten jeweils Zweierteams von Frauen mit Säcken voller Textilien aus und kehrten abends zurück.

Die meisten Frauen kannten außer ihrem Stadtteil nichts von Managua, und noch viel weniger kannten sie sich außerhalb der Hauptstadt aus. Einen Stadtplan gab es nicht, es mußte also gesucht werden. Viele Straßen, die nicht Hauptstraßen sind, haben keine Pflasterung und sind insbesondere während der Regenzeit nicht befahrbar, weil das Auto im Matsch stecken bleibt.

Alle Socias waren aktiv am Lernprozeß beteiligt, übernahmen Verantwortlichkeiten, hatten behördliche Termine wahrzunehmen (z. B. Abgabe der Steuererklärungen) und waren nach wie vor im Hauptberuf Schneiderinnen.

Es gelang den Frauen, allmählich wieder einen nationalen Markt aufzubauen und die Anzahl der Socias von 14 Frauen auf 26 aufzustocken. Teilweise arbeiteten in den Jahren 1988 bis 1990 mehr als 30 Frauen in der Cooperative, weil zu der eigenen Produktion (mit selbst gekauften Stoffen) noch Auftragsarbeiten kamen: Fabriken brachten Stoffe, um daraus Arbeitsuniformen nähen zu lassen, wofür die Frauen lediglich den Arbeitslohn, sowie die direkten und indirekten Produktionskosten berechneten. Die Herstellung von Schulkleidung war ein weiteres Standbein der Coop. Im Januar, wenn der Umsatz fast auf Null zurückging, produzierten die Frauen auf Vorrat für den Schuljahresbeginn im Februar Schuluniformen. In den Zeiten der Zuckerrohrernte fuhren die Frauen bis zu einer Plantage und der dazugehörenden Zuckerfabrik 35 km außerhalb von Managua, um dort ihre Produkte anzubieten. Sie kamen stets mit vollen Geldtaschen zurück.

Ein großes Problem in den Jahren 1988 bis 1990 war die starke Inflation. Sie machte es trotz ausgelasteter Produktion unmöglich, Rücklagen zu bilden oder Überschüsse zu erwirtschaften.

Anfang 1990 sah ich meine Aufgabe in der Cooperative als erfüllt an: Die Mitglieder der Coop waren in der Lage, ihren Betrieb eigenständig zu führen, hatten eine ausgelastete Produktion und waren auf dem besten Weg, noch mehr Socias aufzunehmen. Das änderte sich jedoch schlagartig nach den Wahlen im Februar 1990, die die Sandinisten verloren.

Daß die wirtschaftlich schweren Zeiten, die der *Julia* bevorstanden, trotzdem so starke, bleibende positive Veränderungen für jede der Frauen bereithalten würde, haben wir uns nicht vorstellen können!

1990 bis 1996

Im Februar 1990 wurde Violeta Barrios de Chamorro zur Präsidentin gewählt. Sie war Wunschkandidatin der USA, hatte sie doch im Wahlkampf versprochen, den Zahlungsverpflichtungen gegenüber Weltbank und IWF nachzukommen und Frieden im Lande herzustellen.

Außerdem machte sie den Vereinigten Staaten ein ›Antrittsgeschenk‹ in Höhe von 12.260 Milliarden Dollar: Den USA war auf Betreiben der Sandinistischen Regierung vom Internationalen Gerichtshof 1985 untersagt worden, sich in die inneren Angelegenheiten anderer Länder einzumischen – der in Nicaragua herrschende Contra-Krieg war maßgeblich von den USA gesteuert und finanziert worden. Die Sandinistische Regierung forderte daraufhin die Zahlung von Kriegsschäden in Höhe des Betrages, den Violeta B. de Chamorro großzügig den USA erlassen hat.

Mit ihrer Regierungsübernahme wurde Nicaragua den Gesetzen des sog. »Freien Marktes« unterworfen: Das Land wurde innerhalb kürzester Zeit mit Billigprodukten aus Ostasien und mit gebrauchter Kleidung aus den USA überschwemmt. Senkung der Importsteuern und Wegfall der

Zölle auf Importe hatten dies wesentlich begünstigt. Der einheimische Markt brach zusammen.

Verbunden mit dem »Freien Markt« war auch der Subventionsabbau. Bezahlte z. B. die Coop bis Juni 1990 lediglich den tatsächlichen (subventionierten) Stromverbrauch, mußten ab Juli jeden Monat 145 Dollar bezahlt werden – unabhängig davon, ob produziert wurde oder nicht.

Von Einsparungen im öffentlichen Bereich und ständigen Gebührenerhöhungen vor allem im Erziehungs- und Gesundheitsbereich sind die Socias und ihre Cooperative besonders betroffen. Arztbesuche sind nicht mehr kostenfrei, Medikamente müssen bezahlt werden. Obwohl der Schulbesuch gemäß nicaraguanischer Verfassung kostenfrei ist, müssen Eltern ›freiwillige‹ Beitrage für ihre Kinder entrichten, ohne die sie nicht zu den Jahresabschlußprüfungen zugelassen werden. Außerdem sind an jedem Schuljahresanfang ebenso ›freiwillige‹ Einschreibegebühren zu entrichten. Das Erziehungs- und Gesundheitswesen wird mehr und mehr privatisiert, ›marktgängig‹ und damit immer wenigeren Menschen zugänglich: »Wer arm ist, bleibt dumm und stirbt früher?«

Außerdem stiegen Strom-, Wasser-, Transportmittelpreise und Preise für Grundnahrungsmittel ständig, denn die Währung wird stetig abgewertet und alle ölabhängigen Preise wurden an Dollar und Ölpreisentwicklung gebunden.

Innerhalb von vier Monaten nach dem Regierungswechsel war die Coop am Ende. Die staatlichen Supermärkte, die von der *Julia* beliefert worden waren, wurden geschlossen. Viele der staatlichen Großbetriebe, in denen die Frauen bis zu den Wahlen an Zahltagen ihre Produkte verkauft hatten, wurden ebenfalls geschlossen oder hatten neue Direktoren, die den Verkauf nicht gestatteten.

Schuluniformen und Arbeitskleidung kamen nun sehr viel billiger aus Ostasien. Gebrauchte Kleidung aus den USA wurde in kleinen Läden verkauft, von denen es bis zu 14 in dem Stadtteil gab, in dem sich die Coop befindet. Entlassene Beamte hatten sie mit ihrer Abfindung als Startkapital eröffnet. Sie machten den einheimischen kleinen Nähereien ein Überleben fast unmöglich. So auch der Cooperative.

Auch die Privatisierung verschlechterte die Aussichten der Coop: Es gab bis zu den Wahlen 1990 sechs große staatliche Textilfabriken. Nach Regierungswechsel und den Strukturanpassungsmaßnahmen des IWF wurde über ihre Privatisierung ›nachgedacht‹. Das Nachdenken fing damit an, daß die Fabriken keine Kredite mehr bekamen. Bis auf eine Fabrik mußten die restlichen fünf Ende 1990 die Produktion einstellen. Die staatlichen Stoff-Fabriken wurden von der neuen Regierung stillgelegt, weil sie angeblich nicht mehr rentabel arbeiteten.

Für die Cooperative bedeuteten die Schließungen, daß nun Stoffe gekauft werden mußten, die aus Nachbarländern importiert wurden: Das sind oft Restposten von Stoffen, die über diverse Zwischenhändler nach Nicaragua kommen, sodaß der Stoff teuer ist und durch die steigenden Ölpreise plus Transportkosten sich noch zusätzlich ständig verteuert. Die Produkte der Coop werden dadurch nicht billiger. Darüber hinaus kann die Coop durch diese unsichere Stoffzulieferung auch ihrerseits keine Lieferkontinuität garantieren.

Bis 1990 gab es im Gebiet von Managua circa 35 Nähcooperativen, von denen jetzt lediglich noch die *Julia* existiert. Bis zum Ende des Jahres 1990 verließen von den 26 Socias 14 die Cooperative, um auf andere Art und Weise das Überleben für sich und ihre Familien zu sichern. Einige gingen in die USA oder in eines der Nachbarländer Costa Rica, Guatemala, El Salvador, Honduras, um dort Arbeit zu suchen. Eine Frau macht inzwischen »nacatamales«, *das* nicaraguanische Sonntagsfrühstück: Maismasse, gewürzt, mit Schweinefleisch und Kartoffelstücken angereichert und in einem Bananenblatt gekocht.

Eine andere Ex-Socia arbeitet wieder als Näherin im Hause, beaufsichtigt dabei ihre Enkelkinder und wird von den arbeitenden Kindern unterstützt. Eine weitere hat einen kleinen Laden aufgemacht, den sie zusammen mit ihren Kindern betreibt.

Andere Ex-Socias sind völlig aus dem Blickfeld der verbliebenen »Julias« verschwunden.

Das Überleben der meisten nicaraguanischen Familien ›funktioniert‹ nur deshalb, weil die Familien groß sind und sich gegenseitig unterstützen, Kinder also für ihre Eltern sorgen und umgekehrt Eltern sich bis zu ihrem Tode für ihre Kinder, Enkel, Nichten und Neffen verantwortlich fühlen.

Strukturanpassungsmaßnahmen basieren auf vom IWF ausgearbeiteten Programmen, die Vorschläge enthalten, besser gesagt: Anordnungen, die die nicaraguanische Regierung befolgen muß, um weitere Kredite der Weltbank und anderer Finanzinstitute zu bekommen. Grundidee aller vom IWF auferlegten Strukturanpassungsprogramme auf der Welt ist, die Export- und Regierungseinnahmen zu erhöhen und die Staatsausgaben zu senken, indem der öffentliche Sektor und Kredite für ländliche Gebiete reduziert, sowie Staatsbetriebe privatisiert und Auslandsinvestoren begünstigt werden.

Maquilas schießen in Nicaragua wie Pilze aus dem Boden. Sie beliefern hauptsächlich die USA. Strukturanpassungsprogramme produzieren also Arbeitslosigkeit, um dann wiederum mittels Freihandelszonen und Maquilas die ›Gnade eines Arbeitsplatzes‹ großzügig zu gewähren.

In einer nicaraguanischen Zeitung stand im Oktober ein Zeitungsartikel, den die Frauen und ich zusammen mit dem Taschenrechner gelesen haben. Der Chef einer taiwanesischen Unternehmensgruppe, früher Militär-Attache an der taiwanesischen Botschaft in Nicaragua, hat in dem Artikel ein paar Zahlen zum besten gegeben, die ich der Einfachheit halber in US-Dollar wiedergebe:

9.600.000 Blue Jeans werden in seinen zwei Fabriken in der Freihandelszone *Parque Industrial Las Mercedes* pro Jahr hergestellt und bringen einen Erlös von 70.000.000 US-Dollar, pro Jeans also 7.29 US Dollar. An Löhnen zahlt er jährlich 5.302.692 US Dollar an 3.000 ArbeiterInnen. Das macht pro Beschäftigte und Monat, circa 125 US Dollar.

Erlös:	70.000.000
abzgl. Löhne:	5.302.692
abzgl. Produktionskosten (hoch geschätzt):	
50 Prozent des Verkaufserlöses:	35.000.000
verbleiben als Reingewinn:	29.697.308

Selbst wenn der Unternehmer die Löhne verdoppeln würde, blieben ihm als Reingewinn 24.394.616 US Dollar pro Jahr!

Rechnen wir mal anders: 9.600.000 Jeans pro Jahr, das bedeutet: bei 12 Monaten mit durchschnittlich 20 Arbeitstagen stellt jedeR ArbeiterIn täglich circa 13 Jeans her – obwohl eben nicht die Jeans von Anfang bis Ende, sondern nur ›Operationen‹ an den Hosen.

Circa 125 Dollar bekommt die Arbeiterin im Monat, also für 13 mal 20 Hosen im Monat ein Stückpreis von 0,48 Dollar, also nicht mal eine Mark Arbeitslohn für eine Blue Jeans!

Eine Arbeiterin aus der Firma erzählte, daß sie für 1.200 ›Produktionsoperationen‹ (sie näht Taschen auf Blue Jeans) am Tag 3,30 Dollar bekommt. Sie muß also, um auf 125 Dollar Lohn im Monat zu kommen, nicht 1.200 Operationen machen, sondern mehr als 2.400, bei 12 Stunden Arbeitszeit alle 15 Sekunden eine Tasche, ohne Pausen für Essen und Gang zur Toilette zu berücksichtigen!

An diesem Beispiel leiten sich für die Frauen der Cooperative mehrere Fragen ab:

a) Wenn es den ausländischen ›Investoren‹ wirklich darum ginge, in Nicaragua Arbeitsplätze zu schaffen, warum können es dann nicht Arbeitsplätze mit humanen Arbeitsbedingungen anstelle von sklavenähnlichen sein? Und warum vergeben die ›Investoren‹ nicht auch faire Zulieferaufträge an die einheimische Klein- und Mittelindustrie?

b) Könnten nicht zumindest würdige Löhne bezahlt werden, die es den NicaraguanerInnen, die in den Freihandelszonen arbeiten müssen, ermöglichen, davon auch tatsächlich *leben* zu können?

c) Die einseitige Arbeitsbelastung nur eines Körperteils ist nachgewiesenermaßen schädlich, nicht nur für den Körper eines Menschen, sondern ebenso für seine Psyche. Warum kann in Freihandelszonen nicht nach dem Teamprinzip gearbeitet werden? Unter Teamprinzip verstehen die Frauen der Cooperative, daß eine Gruppe von z. B. fünf Frauen das Endprodukt Jeans herstellt.

d) Wenn es den ›Investoren‹ wirklich um die Schaffung von Arbeitsplätzen in Nicaragua ginge, warum beachten sie dann nicht nicaraguanische Arbeits- und Umweltgesetze? Und warum läßt die nicaragunaische Regierung zu, daß sie in den Freihandelszonen nicht beachtet werden?

e) Wenn es den ›Investoren‹ wirklich um die »Verbesserung der Infrastruktur Nicaraguas« ginge, warum zahlen sie nicht Steuern wie jede inländische Firma auch? Mit diesen Staatseinnahmen könnte die Regierung in der Tat Strukturverbesserungen vornehmen, von denen die gesamte Bevölkerung Nicaraguas Vorteile hätte?

f) Und warum läßt die nicaraguanische Regierung zu, daß die ›Investoren‹ der einheimischen Klein- und Mittelindustrie das Überleben unmöglich machen, was wiederum zum weiteren Einnahmeverlust des Staates und zur Arbeitslosigkeit führt? Warum erschwert die Regierung den Kleinbetrieben durch immer neue Steuern und durch Wucherzinsen die Existenz zusätzlich?

Wie ging es weiter?

Von Mitte 1990 bis Mitte 1992 hatte die Cooperative lediglich kleinste Aufträge. Die Einnahmen reichten oft nicht einmal aus, um die festen Kosten der Cooperative zu decken. Sechs Monate lang konnte kein Lohn gezahlt werden. Trotzdem blieben die Frauen, weil das Zusammengehörigkeitsgefühl und die Verbundenheit mit ›ihrer‹ *Julia* seit Gründung in ihnen sehr stark geworden war.

Die Frauen beschlossen der Not gehorchend, sich nicht mehr nach Produktion zu bezahlen. Alle Frauen, ob im produktiven oder im administrativen Bereich tätig, sollten den gleichen Lohn erhalten. Dies wird auch heute noch beibehalten.

Luisa: »In all den Jahren hat sich das Kollektiv toll entwickelt, und die Einigkeit unter uns ist aus dieser Entwicklung hervorgegangen. Eines der besten Zeichen dafür ist, daß wir seit sechs Jahren Einheitslöhne an alle zahlen, weil wir wissen, daß die Arbeit jeder einzelnen denselben Wert hat, und daß jede einzelne dieselbe Wichtigkeit innerhalb des Kollektivs hat. Ich wünsche mir, daß wir alle noch lange diesen eingeschlagenen Weg gemeinsamer Entwicklung gehen können.«

Luisa

Cristina Sanchez berichtet:

»Der Grund, als Socia in der Cooperative mitzumachen, war die Armut und der geringe Lohn, den ich als Näherin in einem Privathaushalt verdiente. Außerdem konnte ich in der Cooperative Arbeit und Kinderbeaufsichtigung verbinden. Was mir besonders gut in der Cooperative gefällt, ist die Verbundenheit mit den anderen Frauen. Wenn ich Probleme habe, kann ich mit meinen Companeras darüber sprechen. Und immer versuchen sie, mir beim Lösen der Probleme zu helfen. Als ich z. B. 1987 ein Augenlicht verlor, habe ich lange vor Scham nicht aus dem Haus gehen mögen. Die Frauen kamen mich besuchen und haben mich davon überzeugt, daß ich Teil der Gemeinschaft bin, gebraucht werde, und weniger arbeiten kann, um das andere Auge nicht zu überlasten...

Die Stimmung in der Cooperative ist meistens gut. Wir sind nur deprimiert, wenn keine Arbeit da ist.«

Die Zeit von Mitte 1990 bis Mitte 1992 war trotz der schwierigen wirtschaftlichen Lage eine der intensivsten Zeiten der *Julia*: Es bildeten sich zwei Schichten, da es wegen Auftragsmangel nicht erforderlich war, daß alle Frauen täglich in die Cooperative kamen. Wöchentlich abwechselnd kam eine der beiden Gruppen, um zu gärtnern – inzwischen haben wir einen wundervollen Obst-, Gemüse-, Blumen- und Heilkräutergarten. Außerdem erledigten die Frauen private Näharbeiten. Gemeinsam versuchten wir, die wirtschaftlich harte Zeit mit möglichst vielen sozialen Aktivitäten erträglicher zu machen, und auch die Kinder miteinzubeziehen.

Die »Julias« bekamen auch Besuch von ausländischen ›Investoren‹. Ein Taiwanese bot einen Untervertrag mit der Freihandelszone an:

20.000 Hemden, Lieferfrist: sechs Wochen, Preis pro Dutzend 13 Dollar. Bedingungen: Import der zugeschnittenen Teile abwickeln, Bankbürgschaft besorgen, Export der 20.000 Hemden abwickeln und ... keine Etikette »Hergestellt in Nicaragua«.

Allein das Prüfen auf Vollständigkeit hätte mindestens zwei Wochen in Anspruch genommen: 20.000 Rückenteile, 40.000 Brustteile, Knopfleisten, Taschen, Ärmel, Manschetten...

Um die Lieferfrist von sechs Wochen einhalten zu können, hätten wir ohne Zahlung in gutem Glauben anfangen müssen zu produzieren. Die Frauen hätten sieben Tage jeweils 14 Stunden arbeiten müssen, um für die Fertigstellung eines Hemdes weniger als 50 Pfennige zu verdienen! Diesen Auftrag haben die Frauen nicht angenommen. Sie produzieren in Würde und bevorzugen es, in Würde ihren gemeinsamen Einsatz für die weitere Existenz ihrer Cooperative aufzugeben, als sich in menschenverachtende Arbeitsstrukturen zu begeben.

Es bestehen zwischen den Frauen der Coop und ArbeiterInnen der Freihandelszonen Freundschaften; oft kommen junge Frauen (und auch Männer) in die Cooperative, um das Nähen an Industrienähmaschinen zu erlernen, weil sie sich in der Freihandelszone bewerben wollen. Leider können die »Julias« ihnen nicht anbieten, in der Cooperative als Socias einzusteigen, denn die Aufträge reichen nicht einmal für die neun Frauen, die heute die *Julia* bilden. In einem Land, in dem die Arbeitslosenquote bei circa 50 Prozent liegt und das brav Strukturanpassungsprogramme durchführt, ist eine Coop wie die *Julia* ein Auslaufmodell: Keine junge Frau wäre bereit, unter so unsicheren Einkommensverhältnissen dieses andere Lebens- und Arbeitsgefühl zu erforschen. Die wirtschaftlichen Notwendigkeiten zwingen zur Erwerbsarbeit in der Maquila.

Weltläden in Deutschland: Ein neuer Markt?

Da der nationale Markt den Frauen der Coop keine Nische ließ, versuchten wir, einen Markt mit Weltläden in Deutschland aufzubauen. Der Handel mit Weltläden in Deutschland wurde von den Frauen zunächst als eine vorübergehende Lösung angesehen. Nach den ermutigenden Erfahrungen mit dem Aufbau eines einheimischen Marktes zwischen 1984 und 1990 hofften wir alle, daß die Coop langfristig wieder einen nationalen Markt gewinnen könnte und der *Eine-Welt-Handel* in der BRD lediglich eine Durststrecke überbrücken helfen würde.

Parallel zum Handel mit Weltläden haben die Socias der Cooperative auch immer nach einem neuen Markt im eigenen Land gesucht. So entstand z. B. die Idee, mit Bauern zu tauschen: Kleidung gegen Bohnen beispielsweise. Daß daraus nichts wurde, lag u. a. daran, daß die Bauern es aus wirtschaftlicher Not logischerweise vorzogen, gebrauchte Kleidung aus USA zu kaufen. Sie bekamen für einen Sack Reis fünf Hosen, anstatt drei oder gar nur zwei im Tausch mit der Cooperative. Außerdem ist die schlechte Infrastruktur im Lande (Fehlen von Kommunikations- und Transportmöglichkeiten) ein weiterer Grund, warum diese Idee nicht realisierbar ist.

Alle Frauen waren an der neuen Marktsuche beteiligt: Sie haben mit Blaupapier den Brief an die Weltläden in die mechanische Schreibmaschine getippt. Dessen Text kannten sie zwar, weil ich ihn übersetzt hatte. Aber er wurde ja in deutsch – nicht in ihrer Landessprache spanisch – an über 300 Weltläden verschickt.

Der Verkauf an die Weltläden entwickelte sich langsam. Bis Ende 1994 hatten die verbliebenen Socias eine mittelmäßig ausgelastete Produktion. Leider waren nie genug Aufträge vorhanden, um davon zu träumen, wieder ehemalige Socias aufzunehmen.

Ende 1994 erlitt die Coop erneut einen Schlag: Es wurde eine Änderung der deutschen »Lebensmittel- und Bedarfsgegenstände-Verordnung« verabschiedet, wonach u. a. die Einfuhr von Textilien verboten wurde, die bestimmte Azo-Farbstoffe enthalten. Die Frauen konnten von keiner Stelle erfahren, wie diese Verordnung genau lautet, noch was Azofarben sind oder wo ein »in Deutschland anerkanntes Zertifizierungs-Institut« zu finden ist. Mit jedem Export, den die Cooperative durchführt, muß dennoch der Nachweis erbracht werden, daß keine Stoffe mit Azofarben verwendet wurden.

Auf diese geänderte »Lebensmittel- und Bedarfsgegenstände-Verordnung« führten wir den starken Umsatzeinbruch ab Anfang 1995 zurück. Während meiner ›Verkaufs‹-Rundreise für die Coop in deutschen Weltläden (Anfang Februar bis Ende März 1996) stellte ich jedoch fest, daß diese Verordnung am allerwenigsten verantwortlich für die ausbleibenden Bestellungen war.

Durch die sich verschlechternde wirtschaftliche Situation in Deutschland kommen auch die Weltläden in wirtschaftliche Schwierigkeiten. So sind z. B. in vielen Läden die Umsätze in den Jahren 1995 und 1996 im Bereich Kunsthandwerk/Textil um bis zu 20 Prozent zurückgegangen, gleichzeitig wurden Ladenmieten teilweise drastisch erhöht.

Weltläden haben es schwer, gegen die wechselnden Moden und die Dominanz der großen Modemultis zu konkurrieren, um einer kleinen Gruppe von Frauen ein würdiges Einkommen zu garantieren. Hinzu kommt, daß sich die Dinge in Deutschland ›verkaufen‹ sollen. Mensch will sich nicht die Mühe machen, zu erklären, warum Frauen aus Nicaragua nicht das nähen können, was die Leute in Deutschland gewohnt sind. ModekundInnen akzeptieren nur das, was sie schon von weitem aufgrund von Werbung, Gewohnheit etc. als modisch erkennen.

Und auch in Nicaragua spitzen sich die Probleme für die Coop weiter zu: Eine neue Welle von Strukturanpassungsmaßnahmen steht ins Haus. IWF und Weltbank werden die Daumenschrauben noch stärker anziehen, denn Nicaragua hat die ersten Auflagen nicht erfüllt. Das heißt, die Auslandsverschuldung ist nicht in dem Maße gesenkt worden, wie das von jenen Instituten gefordert wurde – wie sollte sie auch.

Die ersten Auswirkungen des bevorstehenden Besuchs von IWF und Weltbank sind schon spürbar: Die Elektrizitätswerke haben schnell einen 12prozentigen Strompreisaufschlag beschlossen, sodaß die NicaraguanierInnen jetzt an den Kosten für die öffentliche Straßenbeleuchtung beteiligt werden, selbst in Stadtteilen, wo es keine Laternen gibt.

Veronica, stellvertretende Koordinatorin der Cooperative, resümiert: »Es wird einerseits der »Freie Markt« gepriesen und die ›gleichen Chancen‹ für alle, die er angeblich bietet. Andererseits schließen sich die Grenzen, weil uns hier in Nicaragua u. a. das Know How und das Personal fehlt, den Anforderungen fremder Märkte gerecht zu werden. Für uns war die einzige Alternative der Handel mit Weltläden, die eine andere Handelspolitik haben als große Unternehmen, wie wir inzwischen gelernt haben.

Viele Kontakte zu Weltläden sind durch Gruppen entstanden, die die Cooperative auf Delegations- oder Projektreisen kennengelernt haben. Es waren oft Menschen darunter, die sagten: ›Oh, in meiner Stadt gibt's auch einen Weltladen, da werde ich mal die Bluse zeigen, die ich bei *Euch* gekauft habe‹. Für uns war und ist es dann jedesmal eine große Freude, wenn tatsächlich eine Bestellung einging und wir die Bestellung mit einer bestimmten Person in Verbindung bringen konnten.

Seit wir den Weltladen- und Eine-Welt-Gruppen-Markt in Deutschland haben, ist auch eine Brücke zwischen den Kulturen gewachsen...

Wir führen, wenn entsprechende Mittel zur Verfügung stehen, auch eigene Seminare durch zusammen mit den heranwachsenden Kindern der Frauen. Es werden Themen wie Selbstbewußtsein, Machismus, Aids, Umweltschutz behandelt. Dazu laden wir uns kompetente Nicaraguanerinnen ein. Als Abschluß der Seminare gibt es jeweils einen Austausch mit einer anderen Cooperative und eine Ausflug mit allen Familienangehörigen, soviel wie der angemietete Bus fassen kann.

Insbesondere diese Ausflüge sind für uns ein sehr wichtiger Bestandteil der Seminare, denn unsere Lebensbedingungen sind so hart, daß an einen Ausflug und dann noch mit Familienangehörigen nicht zu denken ist. Wir versuchen auf diese Weise auch, die sozialen Beziehungen zu den gesamten Familien aller Socias zu vertiefen.«

Die Jahre von 1990 bis heute waren die lebens- und lernintensivsten der *Julia*, zu der ich mich inzwischen, nach mehr als acht Jahren, auch zähle. Wir haben uns in familiären Krisensituationen gegenseitig beigestanden, haben unser Selbstwertgefühl weiterentwickelt und sind zu einer Familie zusammengewachsen. *Margarita* hat das einmal so ausgedrückt:

»Die Cooperative ist wie der menschliche Organismus: Wenn eine Frau fehlt, weil sie krank ist, dann ist es, als wenn ein Organ krank ist und der gesamte Körper nicht gut funktioniert.«

Frauen fordern: Maquila-Unternehmer sollen Ethik-Kodex einhalten

Vertreterinnen von Frauenorganisationen aus El Salvador, Nicaragua, Guatemala und Honduras kämpfen für die Durchsetzung eines ethischen Kodex, von ihnen selbst *Código de Etica* genannt. Das Frauensolidaritätsnetz mit den Maquila-Arbeiterinnen *RED*, zu dem sich alle diese Frauenorganisationen zusammengeschlossen haben, gründete sich im Herbst 1996.

Die nicaraguanische Mitgliedsorganisation des Netzes *MEC* hat die Fassung für Nicaragua veröffentlicht:

» (...) Ausgehend davon, daß die Regierung von Nicaragua – als Staat Mitglied der Internationalen Pakte über die Menschenrechte – die Verpflichtung hat, dem Mann wie der Frau die Gleichheit beim Zugang zu allen ökonomischen, sozialen, kulturellen, zivilen und politischen Rechten zu garantieren,

- stellen wir fest, daß mehr als 3.150.000 Personen in Nicaragua unter Bedingungen der Armut leben und daß die erdrückende Mehrheit von ihnen Frauen, Jungen und Mädchen sind,

- bestätigen wir, daß die nicaraguanischen Frauen arm sind, weil sie weniger ökonomische Möglichkeiten und weniger Entscheidungsfreiheit als die Männer haben. Ihr Zugang zu wirtschaftlichen Ressourcen, zu Bildung und Ausbildung sowie Förderungsleistungen ist beschränkt. Und die Starrheit der sozial festgelegten Rollen der Frau sowie die Reduzierung der sozialen Dienstleistungen hat dazu beigetragen, die Anzahl armer Frauen zu erhöhen.
- Wir sind darüber besorgt, daß in unserer Gesellschaft, Frauen, Jungen und Mädchen mehr oder weniger stark Formen der physischen, sexuellen und psychologischen Gewalt ebenso wie sexueller Belästigung und Einschüchterung am Arbeitsplatz ausgesetzt sind.
- Wir sind uns bewußt, daß kulturelle Praktiken, die die soziale Abwertung der Frau verewigen, nur noch zu dieser Gewalt beitragen.
- Wir sind überzeugt davon, daß das Fehlen von Gesetzen zur Prävention und zum Schutz, ebenso wie die Unkenntnis oder die wirkungslose Anwendung von seiten der Autoritäten, die Gewalt gegen Frauen nähren und verewigen.
- Wir stellen fest, daß wir, die nicaraguanischen Frauen einen wichtigen ökonomischen Beitrag leisten und daß unsere Beteiligung an der Arbeitskraft sowie unsere Aktivitäten in kleinen Betrieben und in den Firmen der Freien Produktionszonen weiter zunehmen und daß unsere Einnahmen in allen Haushalten immer notwendiger sind.
- Wir sind besorgt darüber, daß wir, die nicaraguanischen Frauen, vom Prozeß ökonomischer Entscheidungen praktisch ausgeschlossen sind, daß wir für niedrige Löhne und unter unerträglichen Bedingungen arbeiten, und daß unsere Möglichkeiten, eine Arbeit zu finden und einen Beruf auszuüben, beschränkt sind.
- Wir sind überzeugt davon, daß die Frau durch ihre bezahlte und nicht bezahlte Arbeit wesentlich zur Entwicklung beiträgt. Aber die unbezahlte Arbeit, die die Haus- und Gemeinschaftsarbeiten einschließt, wird in den nationalen Bilanzen nicht gewertet.

Wir, die Bewegung von Arbeiterinnen und Arbeitslosen *Maria Elena Cuadra* (MEC), Mitglied des Mittelamerikanischen Frauensolidaritätsnetzes mit den Maquila-Arbeiterinnen *RED*

(...)

- fordern von der Regierung von Nicaragua, vom Arbeitsministerium, von der Verwaltungsgesellschaft der Freihandelszonen, vom Außenministerium, vom Ministerium für Internationale Zusammenarbeit, von der Kammer der privaten Produktionszonen, von den Personalchefs der Maquilafirmen *Fortex Group*, *Chentex*, *Crecen*, *Istmo*

Textil, Rocedes, Ronaco, Metro Garment, Nien Hsing, China Unida, Velcas International, Ecco de Nicaragua, Confenic, Nicseda, Barons International, Santa Maria, American Textil, Cupido International, Induquinsa die Anwendung spezieller Maßnahmen, einschließlich derjenigen, die der *Código de Etica* aufstellt:

1. Abschaffung der Diskriminierung der Arbeiterinnen in der Freihandelszone aus Gründen von Schwangerschaft, Rasse, Religion, Alter, Behinderung, sexueller Präferenz sowie politischer Zugehörigkeit.
2. Arbeitsplatzgarantie für schwangere Frauen ohne daß sie sexueller Nötigung oder Einschränkungen ihrer Arbeitsrechte ausgesetzt sind.
3. Sicherstellung, daß die Maquila-Arbeiterinnen mit Respekt und Würde behandelt werden und keine Arbeiterin irgendeiner Form physischer, psychischer, sexueller oder verbaler Gewalt in ihrem Arbeitsumfeld ausgesetzt ist.
4. Garantie, daß für sichere und gesunde Arbeitsplätze gesorgt wird zum Schutz vor Arbeitsunfällen und Verletzungen, die während der Arbeitszeit passieren.
5. Garantie des Rechtes auf Sozialversicherung, indem sichergestellt wird, daß die Arbeiterinnen bei der Sozialversicherung angemeldet sind und die Frauen die angebotenen Leistungen auch in Anspruch nehmen können.
6. Garantie, daß die Arbeiterinnen den gesetzlich vorgesehenen Lohn für Überstunden bekommen.

Die Maquila-Betreiber verpflichten sich, die Teilnahme der Bewegung der Arbeiterinnen und Arbeitslosen »Maria Elena Cuadra« zur Überprüfung und Anwendung des *Código de Etica* in Nicaragua zu gewährleisten.(...)«

Ronald Köpke

»*Para Nosotras Mismas – Für uns selbst*«

Interview mit Martha Velazquez Peñalba und Melania Reyes vom Movimiento de Mujéres de la Colonia López Arellano y Aledañas (MOMUCLAA) in Honduras

MOMUCLAA ist eine Frauenorganisation in der ArbeiterInnenkolonie López Arellano und Umgebung (Aledañas) in der Stadt Choloma, Bezirk Puerto Cortéz (Honduras). Choloma liegt etwa 13 km nördlich des Industriezentrums San Pedro Sula, dem Zentrum der Maquilaproduktion (zur Begriffserklärung vgl. S. 27) in Honduras. Gleichzeitig ist die Region San Pedro Sula der größte Maquilastandort in Zentralamerika. In Choloma gibt es ca. 60 bis 70 Betriebe, die hauptsächlich für die folgenden bekannten US-Bekleidungsunternehmen bzw. -Marken nähen: *J.C. Penny, Wal Mart, The GAP, Liz Claiborne/Marke Sara Lee, Fred Aire/Marke Jennifer Moore.*

Viele Frauen der Kolonie Arellano und Umgebung arbeiten in Maquilabetrieben, die sich in Choloma seit 1988 angesiedelt haben. In der Organisation *MOMUCLAA* sind zwei Generationen von Frauen aktiv: Die Frauen der ersten Generation kamen vor Entstehung der Maquilas nach Choloma. Sie erwarben Erfahrungen, die sie in der Auseinandersetzung um die Lebensbedingungen in der Kolonie gewonnen hatten. Diese Erfahrungen werden heute an die jungen Frauen, die in den Maquilas arbeiten, weitergegeben. *Martha Velazquez Peñalba* und ihre Tochter *Melania Reyes* stehen für diese Generationen und für die Veränderungen, die die Maquilas in der Kolonie mit sich gebracht haben.

Das Interview wurde im Dezember 1996 von *Ronald Köpke* (Matagalpa, Nicaragua) im Büro von *MOMUCLAA* geführt. Das Büro ist ein kleines Wohnzimmer, es liegt mitten in der Kolonie *López Arellano.*

Martha Velazquez Peñalba: Mein Name ist Martha Velazquez Peñalba, ich bin Koordinatorin von *MOMUCLAA* und außerdem für den Bildungsbereich zuständig. Das Movimiento entstand aufgrund einer Initiative von Daniela, einer belgischen Psychologin, die in der Kolonie gearbeitet hat. Wir sind durch sie zusammengekommen.

Am Anfang organisierten wir uns im »Hausfrauenclub« innerhalb der Gemeinde, d.h., wir haben zunächst mit Hausfrauen aus der Kolonie gearbeitet. Hinzu kam dann ein Projekt mit Kindern. Dieses Hausfrauenkomitee wurde bereits 1974 gegründet. Es war Teil des ›Patronats‹. Das Patronat ist die höchste Autorität in der Kolonie. Von Beginn versuchten wir, innerhalb des ›Hausfrauenclubs‹ eine Gender[1]-Arbeit zu leisten, dabei kannten wir bis dahin das Wort *Gender* (span.: Género) nicht.

Im Laufe der Entwicklung unserer Gemeinde arbeiteten wir auch mit Männern zusammen, um die Lebensbedingungen zu verbessern, wie etwa beim Aufbau einer Schule und beim Bau von Wohnungen. Doch immer wenn wir Frauen Ideen und neue Vorschläge in die Diskussion einbrachten, waren wir es auch, die sie selbst realisieren mußten. Die Männer taten nichts und benutzten unsere Projekte nur für ihr Prestige.Damit waren wir unzufrieden und es entstand die Idee, eine eigene Organisation für uns Frauen zu schaffen.

Zu dieser Zeit haben wir mit Daniela kleine Subsistenzprojekte begonnen. Wir hatten eine Gemüsekooperative gegründet. Irgendwie ging es ja erst mal darum, für das Überleben zu arbeiten. Ich habe dann begonnen, in der Frauenbewegung in Honduras aktiv zu werden, fuhr zu nationalen Frauentreffen und einmal sogar zu einem zentralamerikanischen Frauentreffen nach Managua/Nicaragua. Ich habe viele neue Eindrücke mitgenommen und kehrte mit Energie und Ungeduld zurück und wollte sofort eine Frauenbewegung gründen. Die anderen haben aber zu mir gesagt: »Bist Du verrückt? Wofür sollen wir hier eine Frauenbewegung gründen. Damit wir sterben?« Als einige andere Mitstreiterinnen, die in die USA eingeladen worden waren, zurückkehrten, schlug ich ihnen ebenfalls vor: »Laßt uns eine Frauenbewegung gründen. Wir waren doch immer organisiert, um die Lebensbedingungen zu verbessern, um den Männern zu helfen, Straßenblockaden zu machen und das Trinkwasserproblem für die Wohnungen zu lösen. Laßt uns jetzt für uns selbst sorgen und uns organisieren, ›para nosotras mismas‹«.

Die Frauen waren skeptisch. Wir haben uns ja nicht als Feministinnen gesehen. Eine Frau sagte: »Gut, also wenn wir jetzt eine Frauenbewegung gründen, müssen wir von jetzt an auch sagen, daß wir Feministinnen sind, wir können uns dann nicht verstecken«. Wir stellten uns dieser Herausforderung und führten eine Frauenversammlung durch, an der 200 Frauen aus der Kolonie teilnahmen. Am Anfang war uns nicht klar, was wir eigentlich wollten. Wir diskutierten darüber und baten Frauen anderer Frauenbewegungen um Hilfe.

Natürlich ist es am Anfang immer so, daß niemand Verantwortung übernehmen will, die Frauen der Kolonie sind etwas zurückhaltend. Wir

[1] *Die MOMUCLAA-Frauen verstehen unter Gender-Arbeit Bewußtseinsarbeit von Frauen für Frauen.*

schafften es dennoch, die ersten Frauen der Basis zu werden, die ihre eigene Organisation in Honduras gründeten. Wir nannten das Movimiento nach unserer Kolonie. Die Gründung von *MOMUCLAA* fand am 15. November 1992 statt.

Ronald Köpke: Kannst Du noch einmal genauer erklären, wie das Verhältnis zu den Männern war, bevor Ihr die Bewegung gegründet habt und wann es zum Bruch mit den Männern kam?

Martha Velazquez Peñalba: Da muß ich noch einmal ausholen. Es gab hier, als die Kolonie entstand, zunächst eine Landbesetzung. Wir kamen hierher zusammen mit den ersten 150 Familien, die sich hier niederließen. Zunächst wohnten wir in Elendshütten ohne Wasser und Strom. Dann taten sich die ersten SiedlerInnen zusammen. Die Arbeit für die Verbesserung der Lebensbedingungen wurde von Männern und Frauen gemeinsam geleistet. Später organisierten wir Frauen uns, da wir als erste davon betroffen waren, daß unsere Kinder starben, weil das Wasser verseucht war.

Innerhalb des Patronats waren wir immer die AktivistInnen. Das Patronat organisierte z.B. Protestaktionen zur Verbesserung der Lebensbedingungen, so eine Straßenblockade, um die Verbesserung der Verkehrsanbindung zu erreichen. Die Frauen waren es, die alles organisierten. Sie malten die Transparente und führten die Aktionen durch. Die Männer erkannten unsere Arbeit nie an, sie wollten immer allein entscheiden, was zu tun sei. Es war ein ständiger Kampf der Frauen. Die Männer haben uns nie gefragt, was zu tun ist. So fingen wir an, uns auf uns selbst zu besinnen.

Wir kämpften um ein Kinderzentrum und gingen zu den Versammlungen des Patronats, um unsere Vorschläge zu unterbreiten. Die Männer schnitten uns aber immer das Wort ab. Wir sagten Ihnen, daß wir uns von ihnen ausgenutzt fühlen und nicht mehr innerhalb der Struktur des Patronats mit ihnen zusammenarbeiten möchten. So zogen wir uns aus dem Patronat zurück.

In der Dekade der 80er Jahre waren wir sehr aktiv. Es war unsere kämpferischste Zeit innerhalb des Patronats und es gab viele nachdenkliche Leute in der Kolonie. Unterstützt wurden wir vom Jesuitenpater Guadeloupe. Mit ihm fing unsere organisierte Tätigkeit innerhalb der Gemeinde an. Klar war, daß wir als ›Hausfrauenclub‹ auftreten mußten, um das Vertrauen der Frauen zu gewinnen. Im Patronat gab es zwar einige Männer, die mit uns solidarisch waren, andere jedoch waren sehr konservativ. Später war der Club die ›Bastion‹ der Gemeinde.

Die Kolonie hatte sich mittlerweile erheblich verändert. Statt der ursprünglichen 150 bestand sie in den 80er Jahren bereits aus 1.000 Familien, zudem hatte sich die Zusammensetzung des Patronats verändert. Der eigentliche Bruch mit den Männern bzw. mit dem Patronat fand 1988/89 statt. Dabei entscheidend war die letzte Straßenblockade, die es hier gab. Einen Monat lang hatten wir kein Trinkwasser, deshalb gingen wir auf die Straße. Das Patronat wollte für eine weitere Blockade keine Verantwortung mehr übernehmen, da es offiziell Repressionen befürchtete und die Verhaftung einiger Mitglieder der Kolonie. Mittlerweile führten wir mutigere Aktionen durch und fühlten uns dafür auch stark genug.

1988 hatte die Gewerkschaft der Elektrizitätsgesellschaft (ESTENEL) großen Einfluß in unserer Kolonie. Einige der Führer der Gewerkschaft waren im Patronat. Das war zu einer Zeit, als die Regierung der Nationalen Partei sehr nachgiebig gegenüber Forderungen der Gewerkschaft war. Die Gewerkschaft hatte dadurch nicht mehr dieselbe Konfliktbereitschaft wie vorher, zumal einige Leute ausgetauscht worden waren.

Wir forderten in einer Versammlung des Patronats die Durchführung eine Straßenblockade, da wir kein anderes Druckmittel hatten, um Trinkwasser zu bekommen. Die Männer hatten davor Angst und wir fingen an, uns alleine auf die Straßenblockade vorzubereiten. Als wir in der entscheidenden Versammlung unser Anliegen vorbrachten, schnitten uns die Männer das Wort ab und wollten uns von der Versammlung ausschließen. Sie erklärten, dafür die Verantwortung und Führung selbst zu übernehmen, obwohl wir die Aktion bis dahin durchgeführt und die Leute mobilisiert hatten. Es kam zum Streit. Wir warfen den Männern vor, uns zu übergehen. Daraufhin beleidigten sie uns vor allen Leuten und nannten uns »unverantwortliche Aufwieglerinnen, die die Leute in eine Konfrontation führen würden«. Dennoch blieben wir in der Versammlung und erklärten: »Gut, wir werden uns weiter an der Aktion beteiligen, weil wir das Trinkwasser brauchen, aber wir werden Lehren aus dieser Veranstaltung ziehen. Dies war das letzte Mal, daß Ihr uns so behandelt habt«.

Die Männer merkten, daß wir uns selbst organisierten und Versammlungen ohne sie durchführten. Daraufhin begannen sie eine Kampagne gegen uns. Sie beschuldigten uns, daß wir die Familien zerstören würden, damit die Frauen der Kolonie sich mit uns verbinden und nannten uns alle »Feministinnen, die vom anderen Ufer seien, also Lesben«.

Wir versuchten, innerhalb des Patronats noch einmal Frauenforderungen durchzusetzen, als die Jahreshauptversammlung stattfand. Also noch bevor das Movimiento gegründet wurde.

Wir forderten eine stärkere Frauenarbeit und schlugen zur Wahl für den Vorstand des Patronats eine Frau aus unseren Reihen vor, während die Männer drei Wahlvorschläge einbrachten. Die Männer stellten uns damit eine Falle, denn es war das Recht eingeräumt worden, Allianzen zu bilden. Die Stimmenanteile der Konkurrenten konnten zugunsten eines Kandidaten addiert werden. Obwohl unsere Kandidatin die meisten Stimmen von allen erhielt, unterlag sie einem der drei Kandidaten der Männer, der mit Hilfe der anderen zwei schließlich mehr Stimmen auf sich vereinen konnte. Wir verloren dadurch knapp, sonst hätten wir die Mehrheit gehabt. Außerdem spielte dabei auch die Propaganda eine Rolle, die gegen uns gemacht wurde.

Das war 1989. Wir organisierten uns dann unabhängig vom Patronat bzw. vom ehemaligen Hausfrauenkomitee. Die neue Struktur hatte zunächst nur den Charakter eines Kollektivs, wir waren eine kleine Gruppe. 1990 öffneten wir unsere Gruppe allen Frauen der Kolonie und nannten uns 1992 *MOMUCLAA*, also *Movimiento de Mujeres* der Kolonie.

Heute haben wir noch Kontakt zum Patronat über zwei, drei Frauen, die dort arbeiten.

Die Kolonie *López Arellano* und Umgebung besteht aus 16 Stadtvierteln. Für die Frauen aus allen 16 Vierteln wollten wir offen sein. So entstand nach vielen Kämpfen *MOMUCLAA*.

Ronald Köpke: Was ist der Inhalt der Arbeit von MOMUCLAA heute? Was habt ihr mit der Arbeit der Maquilas zu tun?

Martha Velazquez Peñalba: Wir haben uns im ersten Jahr erst einmal zusammengefunden. Später entstand dann die *Escuela de Promotoras Legales* (Schule für Gruppenleiterinnen, die in Recht ausgebildet werden) in Tegucigalpa. Man gab uns die Möglichkeit, drei unserer Frauen dort hinzuschicken. Die Schule ist ein Projekt des *Centro de Derechos de Mujeres*« des Frauenrechtszentrums in der Hauptstadt.

Als wir gerade anfingen, gab es viele Anzeigen von Rechtsverstößen und Klagen aus den Maquilas.

Wir gaben den Maquilaarbeiterinnen mehr Raum in unserer Arbeit, und bauten ein Netz von Rechtsberaterinnen/ Gruppenleiterinnen in Arbeitsrecht auf. Damit waren wir in der Lage, mit den Maquilaarbeiterinnen arbeiten zu können und sie zu beraten. Wir verteilen kleine Broschüren die vom Frauenrechtshilfeinstitut *CDM* ausgearbeitet wurden. Außerdem beschäftigten wir uns vor allem mit der häuslichen Gewalt und mit der Ausbildung und Aufklärung der jungen Frauen in den Maquilas.

Wir begannen, uns in der Gruppe mit Psychologie und mit spirituellen Dingen zu befassen, da wir so von der Arbeit in der Maquila, durch Haus-, Erziehungs- und politische Arbeit aufgesaugt werden, daß wir auch an uns arbeiten müssen. Wir fingen mit der Vermittlung von Techniken an, die uns halfen, uns selbst zuzuhören und nicht immer nur andere zu beraten.

Die ersten zwei Jahre arbeiteten alle Frauen des Movimiento ohne jede finanzielle Unterstützung. 1993 begannen wir Kontakt mit einem Solidaritätskomitee in Belgien zu knüpfen, das uns später unterstützte. Jetzt haben wir vom Patronat gerade ein kleines Gelände bekommen, das wir auf einer Versammlung beantragt hatten. Es gab eine große Unterstützung der Frauen dafür, so daß die Männer uns das Gelände nicht abschlagen konnten.

Wir kämpfen stets mit dem Problem der Instabilität, weil eine hohe Fluktuation besteht. Arbeiterinnen werden entlassen, kündigen von alleine, oder ihr Arbeitsvertrag ist zu Ende. Das hängt direkt mit den Maquilas zusammen. Die Maquilas sind halt ein fahnenflüchtiges Kapital (»Capital Golondrina«); das Kapital geht dahin, wo es die besten Bedingungen vorfindet.

Ronald Köpke: Was bedeutet die Arbeit in der Maquila für Dich und die jungen Frauen? Welche Erwartungen und Hoffnungen habt Ihr für Eure Zukunft?

Melania Reyes: Mein Name ist Melania Reyes, ich bin 19 Jahre alt. Ich habe schon in verschiedenen Maquilas gearbeitet. Das Motiv für uns in der Maquila zu arbeiten ist, überleben zu können. Die Situation jeder einzelnen ist angesichts der wirtschaftlichen Situation sehr kritisch. In der Maquila zu arbeiten, ist nicht besonders gut, weil es viele Probleme gibt. Zum Beispiel ist der Lohn sehr niedrig. Sie zahlen den meisten nur 245 Lempiras in der Woche (das waren 19 Dollar, R.K.). 245 Lempiras ist heute (Ende 1996) etwa der Durchschnitt bei den honduranischen Maquilas. Einige zahlen noch weniger. Für Überstunden zahlen sie 3,50 Lempiras extra (0,25 Dollar). Manchmal werden Überstunden gar nicht bezahlt.

Der Lohn reicht nicht, um die Mieten und das Essen zu bezahlen. Für ein Zimmerchen bezahlen sie bis zu 400 Lempiras (30 Dollar) im Monat. Viele Frauen, die Vollzeit in der Maquila arbeiten, müssen darüber hinaus noch Tagesmütter bezahlen, die sich um die Kinder während der Arbeitszeit kümmern. Aber, das ist die einzige Arbeit, die es hier gibt.

Ich habe zunächst Maschinenarbeit in einem koreanischen Betrieb gemacht. Das war sehr ermüdend. Tagsüber hatte man durch die anstrengende Arbeit Hunger und es gab fast keine Pausen zum Essen. Um zu dieser Maquila zu gelangen, mußte man immer von der Bushaltestelle noch sehr weit laufen.

Die jungen Frauen und Mädchen gehen mit 13, 14 Jahren bereits in die Maquilas. Sie bevorzugen die Arbeit in der Maquila und wollen nicht weiter zur Schule gehen, weil sie Geld verdienen wollen. Neben der

Maquila gibt es keine Möglichkeit noch zu studieren. Die jungen Frauen und Mädchen kommen bereits nach der 4., 5. oder 6. Klasse aus der Schule und die wenigsten schließen die Primarstufe ab.
In der Maquila machen sie Einstellungsgespräche mit den Arbeitsuchenden. Dabei wird gefragt: »Wollen sie arbeiten oder studieren?« Antworten die Befragten: »Ja gut, wenn es die Chance gibt, zu lernen oder zu studieren, würde ich das schon machen«, werden sie nicht genommen. Nach der Arbeitszeit geht dies auch gar nicht, weil ständig Überstunden gemacht werden. Der Arbeitstag endet normalerweise um 17:30, aber es kommt oft vor, daß man bis 21:00 Uhr arbeitet oder gar noch länger.

Ronald Köpke: Wann werden die Frauen in der Maquila als zu alt angesehen und nicht mehr eingestellt?

Martha Velazquez Peñalba: Dazu muß ich etwas erklären. Unsere Generation war 25 bis 30 Jahre alt, als hier die ersten Maquilas aufgemacht wurden. Als sie kamen, um Arbeiterinnen zu suchen, sagten sie uns, daß wir bereits zu alt wären und daß sie nur Mädchen und junge Frauen zwischen 14 und 21 Jahren suchen würden. Aber wo sollten wir denn arbeiten? Es gab kaum Möglichkeiten.

Nachdem die Ausbeutung minderjähriger Mädchen in den Maquilas angezeigt wurde, änderte sich dies. Heute suchen sie Frauen bis 25 Jahre. Aber das Problem für die Maquilaunternehmer mit 25jährigen Frauen ist, daß viele von ihnen schon Kinder haben, daß sie die Dinge anders beurteilen und andere Lebensvorstellungen mitbringen. Einige denken auch daran, sich in Gewerkschaften zu organisieren.

Die jungen Frauen denken ganz anders, sie leben noch zu Hause. Wenn es Probleme gibt, helfen Vater und Mutter. Sie brauchen weniger Geld, weil sie zu Hause essen können, keine Kinder haben und keine Miete zu bezahlen brauchen. Demgegenüber müssen Frauen mit zwei oder drei Kindern schon eher an bessere Löhne denken und sich gewerkschaftlich organisieren. Ich würde sagen, daß die Frauen im Durchschnitt mit 20 Jahren anfangen, in so eine Richtung zu denken.

Melania Reyes: Tja, so ist das mit den Jüngeren. Wenn denen gesagt wird, mach das und das, machen sie das einfach, ohne nach ihren Rechten zu fragen. Eine Frau von uns hatte mit 14 Jahren bei der koreanischen Maquila *ACC* angefangen. Sie hatte gerade drei Monate dort gearbeitet und konnte ihre vorgegebene Stückzahl noch nicht schaffen. Es kam eine koreanische Aufseherin, die ihr drohte, schneller zu arbeiten. Das junge Mädchen wurde dadurch immer nervöser und fing an zu weinen. Ich fragte sie: »Warum läßt Du Dir das gefallen?«

Als die Abteilungsleiterin dem Mädchen mit der Zuschneideschere auf den Kopf schlug, mischte ich mich ein und sagte: »Sie haben sie hier nicht zu schlagen«, woraufhin die Abteilungsleiterin explodierte. Sie schrie mich an: »Ab ins Büro, Sie verlassen sofort den Arbeitsplatz, du Nichtsnutz, du Mißgeburt.« Ich wurde ebenfalls wütend, weinte und rief: »Ich lasse mich nicht beleidigen.«

Die anderen jungen Frauen interessierte dies wenig, sie guckten weg und waren nur darauf bedacht, ihre Arbeit zu behalten. Wir beide wurden sofort entlassen.

Meine Kollegin weinte darüber, aber ich tröstete sie damit, daß das alles nicht so schlimm sei. Wir sind dann zusammen losgegangen, um in einer anderen Maquila eine Arbeit zu suchen. Dort wollten sie zuerst nur Mädchen nehmen, die über 16 sind, haben uns dann aber doch genommen.

Ronald Köpke: Wo arbeitest Du bzw. hast Du gearbeitet und wie waren die Arbeitsbedingungen?

Melania Reyes: Für mich war es in der ersten koeranischen Maquila am schlechtesten. Ich arbeitete in koreanischen Maquilas in einer Freien Produktionszone in Choloma. Diese Freie Produktionszone wurde ebenso wie die Maquila von Koreanern verwaltet.

Wegen der extrem schlechten Behandlung der Arbeiterinnen gab es viele Anzeigen gegen die Betreiber. Bei diesen Beschwerden gegen Maquilas hat uns *MOMUCLAA* und vor allem meine Mutter unterstützt. Sie sah, wie es mir in der Maquila erging. Sehr wichtig war die Unterstützung durch Rafael Molina vom linken Gewerkschaftsverband *FITH* (Federación Independiente de Trabajadores Hondureños), der für die Maquilas in Choloma zuständig ist.

Wir wollten erreichen, daß eine Maquila geschlossen wird, weil die Übergriffe auf die Arbeiterinnen ein Ausmaß angenommen hatte, das nicht mehr vertretbar war, und haben gemeinsam die Schließung dieser Fabrik auch durchsetzen können. (3.000 Arbeiterinnen der Maquila *Galaxi* und ihrer Nachbarschaft besetzten am 13. Januar 1994 für acht Stunden die wichtige Verkehrsstraße zwischen San Pedro Sula und Puerto Cortéz, damit *Galaxi* ihre Produkte nicht verschiffen konnte, R.K.).

Wie ging es in der Maquila zu? Es gab eine Menge Frauen, die schwanger waren. Während der Geburt gab es keine Lohnfortzahlung, obwohl das Arbeitsgesetz dies vorschreibt. Die Frauen wurden entlassen und nicht wieder eingestellt. Außerdem führte das Unternehmen keine Sozialversicherung für ihre Angestellten ab, wozu sie nach dem Arbeitsgesetz ebenfalls verpflichtet waren.

Es war in den Hallen, in denen gearbeitet wurde, sehr heiß. Dabei bekam man Durst. Erlaubt zu trinken war aber nur einmal am Morgen und einmal am Nachmittag.Wenn wir zur Toilette gehen wollten, gaben sie uns dafür nur zwei Minuten Zeit und wenn jemand von uns Durchfall hatte, so mußte sie das aushalten.

Durch den Staub und die Gifte, die wir einatmen mußten, wurden wir schnell krank. Wir bekamen Husten, doch es war verboten, zu husten. Und wenn es beim Husten zu Flecken auf den Stoff kam, haben sie dies mit Lohnabzug bestraft. Sie zogen einem manchmal einen ganzen Tag Lohn ab. Sie zwangen uns, Überstunden zu machen. Wenn sich jemand weigerte, wurde mit Kündigung gedroht.

Ronald Köpke: Wie werden die Verträge in der Maquila abgeschlossen, können die Frauen sie lesen?

Melania Reyes: Das ist in den verschiedenen Maquilas sehr unterschiedlich. Einige bekommen schriftliche Verträge, viele jedoch nicht. Mich haben sie nichts gefragt, nur wie ich heiße. Ich brauchte nicht einmal einen Ausweis zu zeigen.

Im Januar 1996 suchte ich bei der Maquila *Viktoria* Arbeit, die einem US-Amerikaner gehört. Beim Gespräch mit dem Amerikaner wurde mir erklärt: »Ja, wir werden Ihnen Arbeit geben.« Ich war natürlich glücklich darüber. Er sagte: »Sie sind schön groß. Treten sie mal zur Seite weg von den anderen. Sie kommen mit in mein Haus, um zu arbeiten.« Ich erwiderte: »Ich suche aber Arbeit als Arbeiterin und nicht als Hausangestellte.« »Nein, Sie kommen mit mir«, antwortete er.

Er redete viel freundlicher mit mir, als mit den anderen, aber ich weigerte mich, mit ihm zu gehen.

Ronald Köpke: Gibt es noch andere Formen sexueller Belästigungen?

Melania Reyes: Die männlichen Abteilungsleiter machen immer Anspielungen und wollen, daß man mit ihnen ausgeht. Einige junge Mädchen wissen sich nicht zu wehren, wenn sie nichts mit diesen Männern zu tun haben wollen. Eine meiner Kolleginnen haben sie vergewaltigt. Sie war erst 15 Jahre alt. Sie hat dann bei einer älteren Kollegin Hilfe gesucht und gefunden.

Der Vergewaltiger war Abteilungsleiter. Die Kollegin war als letzte in der Abteilung gewesen um 23:00 Uhr und da hat er es dann getan.

Ronald Köpke: Welche Probleme haben Maquilaarbeiterinnen zu Hause, wenn sie einen Mann oder Lebensgefährten haben? Sind diese dagegen,

daß ihre Frauen in den Maquilas arbeiten, oder zwingen sie ihre Frauen, arbeiten zu gehen?
Melania Reyes: Es ist heute so, daß die Frau diejenige ist, die den Mann unterhalten muß. Und wenn sie Kinder hat, gibt sie sie bei der Großmutter ab, oder bezahlt jemand, der die Betreuung der Kinder übernimmt. Die Männer kümmern sich nicht um die Kinder. Meistens muß die Frau den Mann, die Kinder und die Großmutter unterhalten. Aber den Männern paßt es nicht, daß sie von den Frauen unterhalten werden.

Martha Velazquez Peñalba: Es ist so, daß Frauen in den Maquilas wegen ihres Verhaltens und ihrer größeren Verantwortlichkeit bevorzugt eingestellt werden. Die Männer sind diejenigen, die ohne Arbeit bleiben. Eigentlich müßten nun die Männer auf die Kinder aufpassen, aber so ist das nicht. Einige Männer lungern draußen herum, ohne etwas zu tun zu haben, während die Frauen ständig schauen müssen, wo sie ihre Kinder unterbringen können. Am Wochenende sind die Männer dann immer zu Hause und erwarten, daß die Frauen ihnen zu essen bringen.

Es gibt aber auch viele alleinstehende Mütter. Bei unserer Arbeit im Movimiento haben wir das große Problem, daß viele Frauen kommen, um uns um Essen für die Männer zu bitten. Doch warum sollen wir den Männern etwas geben, wenn sie nichts tun? Wir sagen den Männern, daß sie zu Hause arbeiten sollen und wir dann vielleicht etwas für sie tun würden.

Alle Frauen haben große Probleme hier, wobei die Maquila nur eines der Probleme ist, ein anderes ist das Problem mit den Männern zu Hause.

Ronald Köpke: Wie arbeitet ihr in den Betrieben?

Martha Velazquez Peñalba: Wir bilden momentan 90 Frauen der Maquilas zu Promotorinnen aus, die in den Betrieben Ansprechpartnerinnen für Problemfälle sind. Dieses Projekt läuft ein Jahr, bis Mai 1997. Wir machen Workshops über sexuelle Gewalt, ihre Folgen und über Arbeitsrechtsfragen. Die Promotorinnen sollen bei Arbeitskonflikten direkt ansprechbar sein. Sie arbeiten bereits in den Maquilas, müssen aber sehr vorsichtig sein.

Die Arbeit der Promotorinnen ist geheim, weil die Gefahr besteht, daß sie entlassen werden, würde diese Tätigkeit bekannt.

Wir arbeiten eng mit dem Menschenrechtsinstitut *CODEH* (Coordinación de Derechos Humanos de Honduras) zusammen, das in San Pedro Sula ein Büro hat. *CODEH* hilft uns durch Fortbildungsveranstaltungen in Arbeitsrecht und durch Rechtshilfe in Konfliktfällen. Wir bringen manchmal Leute auch direkt zu ihnen.

Melania Reyes: Ich bin Promotorin und mich kennen die Aufseherinnen natürlich, aber ich lasse mir nichts gefallen. In der letzten Woche hat ein Mädchen mit 13 Jahren in der Maquila gearbeitet, die sich falsche Papiere besorgt hatte. Es ist verboten, mit 13 Jahren in der Maquila zu arbeiten. Sie haben sie vergewaltigt. Im Moment kümmere ich mich um diesen Fall. Ich informierte Kolleginnen über ihre Rechte. Wir brauchen aber dringend einen Psychologen für solche Fälle, denn das können nicht die Promotorinnen machen.

Martha Velazquez Peñalba: Uns als *MOMUCLAA* werden viele solche Fälle angezeigt. Wir geben Unterstützung und Rechtshilfe. Wir haben einen anderen Aufseher angezeigt, der ebenfalls ein junges Mädchen vergewaltigt hat. Das Mädchen wurde schwanger. Er wollte seine Tat vertuschen und bot ihr Geld an. Wir veranlaßten eine Strafverfolgung. Das Mädchen hatte sich um Hilfe an eine unserer Promotorinnen gewandt. Unsere Promotorin Miriam hat sich dann um den Fall gekümmert. Dennoch gibt es viele Fälle die im Dunkeln bleiben, weil sich die Mädchen nicht trauen, Anzeige zu erstatten oder uns um Hilfe zu bitten.

Ronald Köpke: Wie ist das Verhältnis zu den Gewerkschaften?

Martha Velazquez Peñalba: Mit der *FITH* arbeiten wir schon seit 1985 zusammen. Zuerst haben wir ihnen Essen für ihre Versammlungen verkauft, die sie im Gemeindezentrum abgehalten haben. So entstand der Kontakt. Sie haben einige unserer damaligen Promotorinnen ausgebildet, und wir haben sie später in *Gender–* und Frauenfragen fortgebildet.Vor allem aber entstand diese Beziehung durch die Zusammenarbeit bei gemeinsamen Aktionen. Wir sind auch daran interessiert, daß Frauen sich in der Gewerkschaft organisieren. In der Freien Produktionszone *Galaxi* wurden die Maquilas geschlossen und gemeinsam mit der *FITH* gelang es uns, erfolgreiche Aktionen durchzuführen. Zuerst kamen 40 junge Frauen zu uns, um darauf hinzuweisen, daß die Koreaner, ohne was zu sagen, die Maschinen abtransportieren (im September 1996, R.K.). Daraufhin haben wir erst die FITH mobilisiert, um die Werkstore zu besetzen. Leider konsolidieren sich die Gewerkschaften nicht, sie bleiben schwach. Das liegt auch daran, daß die Gewerkschaften keine ausreichende Bewußtseinsarbeit leisten, sondern sich nur auf das Organisatorische konzentrieren. Wir brauchen aber starke Gewerkschaften. Wo wir arbeiten, gibt es später auch eine gewerkschaftliche Präsenz.

Ronald Köpke: ibt es eine Zusammenarbeit mit den Männern der Gewerkschaft?

Martha Velazquez Peñalba: Oft lassen die Gewerkschafter die Frauen nicht partizipieren. Deshalb versuchen wir, wenn wir gemischt arbeiten, möglichst kleine Gruppen zu bilden, damit die Frauen zu Wort kommen. Wir haben vor kurzem einen Workshop mit Funktionären zum Thema *Gender* abgehalten. Es kamen immerhin 35 Männer aus der Gemeinde.

Ronald Köpke: Glaubt Ihr, daß die jungen Frauen, die in der Maquila arbeiten, heute selbstbewußter sind? Was machen die Männer in den Maquilas?

Martha Velazquez Peñalba: Die jungen Frauen in der Maquila sind schon selbstbewußter. Sie erleben heute eine sehr kritische Situation und leiden mehr, als wir leiden mußten. Der schwierigen Situation, in der sie leben, sind sie sich bewußt. Einen Lebensgefährten zu haben ist ein Problem. Aber die Notwendigkeit, Zärtlichkeit und Liebe zu teilen, ist nunmal da. So haben sie alle Kinder von verschiedenen Männern. Sie suchen Liebe, weil sie in der Situation, in der sie sich befinden, einsam sind.

Das Leben hier in der Kolonie ist nicht einfach. Hier kann man nichts unternehmen, man geht morgens zur Arbeit und kommt nachts wieder. Die Kolonie ist nur eine Schlafstadt. Die Frauen werden während der Arbeit schlecht behandelt und hoffen, daß es zu Hause besser ist. Manchmal ergeht es ihnen aber dort noch schlechter als in der Maquila.

Melania Reyes: Einige fühlen sich besser in der Maquila als als Hausangestellte, die einzige Erwerbsmöglichkeit, die es sonst noch gibt. Die Männer, die in der Maquila arbeiten, sind Lastträger. Sie schaffen morgens die großen Stoffballen heran und holen nachmittags die fertige Ware ab. Zwischendurch haben sie kaum zu tun und hängen in den Gängen herum. Einige verdienen mehr, wenn die Unternehmen ihnen eine kleine Aufstiegschance anbieten. Das gibt es schon.

Martha Velazquez Peñalba: Die Löhne in der Maquila sind auch einfach höher, als für Hausangestellte. In der Maquila wird man zudem wöchentlich bezahlt und als Hausangestellte meistens nur monatlich. Die Hausangestellten müssen immer am Samstag arbeiten und es gibt keinerlei Möglichkeit, Überstunden bezahlt zu bekommen. Das ist natürlich alles nur ein relativer Vergleich. Wenn eine Frau sagt, daß sie in der Maquila arbeitet, so wird das höher bewertet, als wenn sie erklärt, daß sie Hausangestellte sei.

Ronald Köpke: Wie wirken sich die Veränderungen in der Kolonie auf Eure Arbeit aus?

Martha Velazquez Peñalba: In der letzten Zeit gab es viele Anzeigen wegen Verletzungen der Menschenrechte in den Maquilas. Dies hat auch in den USA für Aufmerksamkeit gesorgt. Die Maquilakapitalisten wollen die Frauen möglichst effektiv ausbeuten. Um das zu gewährleisten, hat eine US-amerikanische Freie Produktionszone einige Verhaltensweisen geändert. Sie zahlt heute nach einem ganz anderen Lohnsystem als früher, das stärker leistungsorientiert ist. Es gab schon immer Akkordlohn, jetzt aber zahlen sie nach einem Prämiensystem und vergeben Zertifikate für besondere Leistungen. Damit können die ›ausgezeichneten‹ Frauen in den betriebseigenen Geschäften Güter des täglichen Gebrauchs oder auch Stoffe kaufen. Sie sind nicht billiger, als in Geschäften außerhalb der Maquilas, aber man kann anschreiben lassen bzw. man zahlt den Kauf in Raten ab.

Mit diesem System können sie junge Arbeiterinnen anlocken, die nicht über viel Bargeld verfügen. Gleichzeitig binden sie über die Schulden, die dort gemacht werden, die Frauen an den Betrieb.

Die *ZIP Miguel,* eine US-amerikanische Freie Produktionszone, in der dieses System eingeführt wurde, hat nach außen einen besseren Ruf. Sie bieten den Frauen, die Überstunden machen, Frühstück und Mittagessen an. Es ist ein Anreiz für mehr Überstunden.

Melania Reyes: Manchmal hat man kein Geld dabei, um sich etwas zu essen kaufen zu können, dann ist der Magen leer. Du machst dann einfach Überstunden, um etwas in den Magen zu bekommen.

Martha Velazquez Peñalba: Die Maquilas kamen erst 1988 und führten zu einem großen Zuzug. Allein in der Kolonie *López Arellano* lebten 1988 30.000 EinwohnerInnen. Heute, mit der Maquila, haben wir 60.000 Einwohner. Das hat die Probleme bei der Trinkwasserversorgung, der Kriminalität, den Cantinas (Rumschänken), in denen sich die Männer betrinken, und der Prostitution anwachsen lassen. Heute wohnen allein in der Kolonie López mehr Leute, als im Zentrum der Stadt Choloma. Die Leute, die heute zuziehen, sind aus den armen Landbezirken Orlancho, Santa Babara, sogar bis aus dem Südwesten aus Intibuca kommen sie hierher auf der Suche nach Einkommen. Die Frauen, die wegen der Maquila kommen, sind oft die ersten, die eintreffen. Sie wohnen entweder bei Verwandten oder zur Untermiete. Manchmal wird ein Zimmer an mehrere vermietet, so daß man nur zum Schlafen herkommt. Die Maquilaarbeiterinnen holen ihre Familien nach und hausen dann mit vielen Familienmitgliedern auf engstem Raum.

Die alleinstehenden jungen Mädchen schicken Geld nach Hause aufs Land, um ihre Familien zu unterstützen, die unter noch viel schlechteren

Bedingungen leben. Sonntags fahren die Frauen mit dem Bus raus zum Fluß Rio Blanco, wo sie die Wäsche waschen. Vielleicht hast Du das schon mal gesehen, als Du über die Brücke gefahren bist. Sie fahren mit ihren Körben und mit ihren Kindern zum Wäschewaschen.

Melania Reyes: In der ersten Zeit lebten die Leute in einigermaßen vernünftigen Häusern, heute lebt die Mehrheit in schlechten Behausungen. Nur noch im kleinen alten Kern der Kolonie wohnen die Leute in richtigen Steinhäusern. Die Hütten haben vielleicht vier Räume, aber darin leben oft mindestens 20 Personen. Das Trinkwasserproblem wird immer größer, manchmal kommt am Tag nur ganz wenig Wasser, manchmal gar nichts. Für eine große Familie reicht das Wasser nicht zum Waschen und Kochen. Auch das Transportproblem wird immer schwieriger. Es gibt zu wenig Busse für zu viele Leute, die zur Arbeit fahren müssen.

Martha Velazquez Peñalba: Früher haben die Bewohner der López alles gemeinsam gemacht. Das war noch vor der Gründung von *MOMUCLAA*. Wir haben gemeinsam für Trinkwasser und Busanschluß gekämpft. Als Frauen haben wir uns immer in die Entwicklung der Gemeinde eingemischt und die Leute haben bei unseren Aktionen mitgemacht. Heute gehen wir von Haus zu Haus, wenn ein Problem besteht und immer öfter sagen uns die Leute: »Nein, ich bin hier nur Mieter, ich kann hier nichts machen, ich wohne hier eigentlich nur« Dadurch ist für uns alles schwieriger geworden. Jetzt versuchen wir z.B., ein Abwasserprojekt durchzuführen, das eigentlich alle betrifft. Wenn es noch so wäre, wie zur Zeit der großen Versammlungen im Patronat, wären die Abwasserleitungen schon längst verlegt. Keiner will mit uns heute mehr freiwillig für die Gemeinde arbeiten. Man hat auch mehr Angst vor Einbrüchen und schließt sich ein.

90 Prozent der Männer sind unterbeschäftigt und haben keine reguläre Arbeit. Sie arbeiten im informellen Sektor, bieten Dienstleistungen in der Stadt (San Pedro Sula) an, oder versuchen, etwas zu verkaufen. Dazu kommt das Problem mit der Kriminalität. Früher konntest Du um 20:00 Uhr nach Einbruch der Dunkelheit noch einfach so rumlaufen, heute ist das gefährlich. Es gibt Überfälle.

Die Probleme heute in der Kolonie werden durch die Arbeitsmigration verursacht. Es ist alles viel anonymer, aber wir Maquila-Arbeiterinnen wachsen mit den Problemen.

Wendy Diaz
Testimonium

Ich heiße Wendy Diaz und bin 15 Jahre alt. Ich wurde am 24. Januar 1981 geboren und bin aus Honduras. Seit meinem 13. Lebensjahr arbeite ich in der Nähfabrik, der Maquiladora *Global Fashion.*

Bei *Global Fashion* gibt es etwa hundert Minderjährige wie mich, dreizehn, vierzehn, fünfzehn Jahre alt, manche sogar nur zwölf. Als wir Hosen für die Marke *Kathie Lee* nähten, wurden wir gezwungen, fast jeden Tag von acht Uhr morgens bis neun Uhr abends zu arbeiten. Samstags arbeiten wir bis fünf Uhr nachmittags. Manchmal mußten wir die ganze Nacht arbeiten, bis halb sieben morgens. Die Mädchen in der Packabteilung haben fast immer solche Arbeitszeiten. Für diese ganzen Arbeitsstunden bekomme ich höchstens 240 Lempiras die Woche, was etwa 33 Mark entspricht. Mein Stundenlohn beträgt 3,34 Lempiras – das sind umgerechnet keine fünfzig Pfennig. Mit diesem Gehalt kann niemand überleben.

Wir werden bei *Global Fashion* sehr schlecht behandelt. Die Aufseherinnen und Aufseher brüllen und schreien uns an, daß wir schneller arbeiten sollen. Manchmal schmeißen sie Dir den Stoff ins Gesicht oder pakken Dich und schubsen Dich. Sie zwingen Dich dazu, schnell zu arbeiten. Und wenn Du es einmal schaffst, die Tagesquote zu erfüllen, dann erhöhen sie sie am nächsten Tag.

In der Fabrik ist es heiß wie im Ofen. Die Toilette ist abgeschlossen, und man braucht eine Erlaubnis, um sie zu benutzen, und das geht auch nur zweimal am Tag. Während der Arbeit dürfen wir uns nicht unterhalten; wenn wir es tun, werden wir bestraft. Sogar die schwangeren Frauen werden mißhandelt. Sie schicken sie in die Bügelabteilung, wo sie in der fürchterlichen Hitze zwölf bis dreizehn Stunden im Stehen bügeln müssen. Damit zwingen sie sie dazu zu kündigen, weil durch diese Arbeit die Füße anschwellen. Wenn die Frauen es nicht mehr aushalten können, müssen sie aufhören. Auf diese Weise braucht die Firma dann keinen Mutterschutz mehr zu zahlen.

Manchmal fassen die Manager die Mädchen an. Sie tun so, als ob es witzig gemeint sei und betasten uns an den Beinen. Viele von uns würden gerne zur Abendschule gehen – aber wir können nicht, weil sie uns ständig zwingen, Überstunden zu machen. Wir sind weder krankenversichert, noch zahlt die Firma Krankengeld oder Urlaub. Gringos von einem US-amerikanischen Unternehmen haben die Firma ein paar mal besucht, aber sie haben nicht mit den Arbeiterinnen gesprochen. Alle in der Firma sind sehr jung, die Mehrzahl ist 16 bis 17 Jahre alt. Wir nehmen an, daß die

Koreaner keine älteren Frauen einstellen möchten, weil sie die Mißhandlungen nicht mitmachen würden.

Die meisten Mädchen in der Firma haben Angst. Nachdem wir uns mit Leuten von der Kleiderkampagne aus den USA getroffen haben, hat uns das Unternehmen gedroht. Ein Mädchen wurde gefeuert, und die Firma kündigte an, daß sie noch weitere rauswerfen werde. Die Aufseher riefen uns zusammen, die gesamte Fabrik, und teilten uns mit, daß sie keine Gewerkschaft bei *Global Fashion* akzeptieren würden. Jede, die mit einer Gewerkschaft zu tun habe, würde sofort gefeuert werden.

Die Firma beschäftigt Spitzel, die über unsere Versammlungen berichten. Seit letztem November, als eine Gruppe von 40 anfing, sich zu treffen, hat die Firma bis auf fünf alle von uns rausgeschmissen. Ich bin Waise. Ich lebe mit elf Leuten zusammen in einem Zimmer. Ich muß arbeiten, um drei kleine Brüder zu unterstützen. Jetzt gerade machen wir Kleidung für *Eddie Bauer*. Es arbeiten immer noch viele Minderjährige in der Fabrik.

Wenn ich mit *Kathie Lee* sprechen könnte, würde ich ihn bitten, uns zu helfen, die schlechte Behandlung zu beenden, damit wir zu unserem Recht kommen. Daß sie aufhören, uns anzuschreien und zu schlagen; daß sie uns zur Abendschule gehen lassen und es zulassen, daß wir uns organisieren, um uns selbst zu schützen. Wir möchten, daß *Kathie Lee* in unserer Fabrik produzieren läßt, aber zu besseren Bedingungen. Und wir brauchen auch einen gerechteren Lohn. Bitte helfen sie uns.

Wendy Diaz, am 29. Mai 1996 auf einer Pressekonferenz mit dem US-amerikanischen Kongressabgeordneten George Mille.

Sabine Broscheit

GAP – vom Saulus zum Paulus? oder: Widerstand kann sich lohnen – ein Bekleidungsriese steht zu seinem Wort

GAP gehört zu den größten Bekleidungsunternehmen in den USA. Sich selbst stellt *GAP* ein gutes Zeugnis aus: flotte Kleidung zu tragbaren Preisen und auf ethischem Niveau vorbildhaftes Unternehmensverhalten. *GAP* hat einen Verhaltenskodex aufgestellt, der für alle GeschäftspartnerInnen verbindlich gelten soll. Soziale Verantwortung wird nach außen groß geschrieben.

Die Realität in den Produzentenländern ist aber alles andere als werbefähig. Hosen, Jacken und T-Shirts für *GAP* werden mehrheitlich in den Freien Produktionszonen (*Zonas Francas*) Mittelamerikas angefertigt – zum Beispiel in dem taiwanesischen Betrieb *Mandarin International* in der *Zona Franca San Marcos*, San Salvador. Dort sorgten extreme Menschenrechtsverletzungen 1995 für große Aufregung und eine Öffentlichkeitskampagne kritischer KonsumentInnen in den USA – vergleichbar mit der europäischen *Kampagne für ›saubere‹ Kleidung* – für erste Erfolge gegenüber dem Bekleidungsriesen.

Mandarin International – eine taiwanesische Weltmarktfabrik in San Salvador

Koreanischen und taiwanesische Textilfabriken, die die Mehrheit der Betriebe in den Freien Produktionszonen Mittelamerikas ausmachen und Kleidung für den Norden nähen, sind berühmt-berüchtigt für Menschenrechtsverletzungen gegenüber Textilarbeiterinnen und für verheerende Arbeitsbedingungen.

1995 wurde diese Situation zu einem öffentlichen Thema: Die Beschäftigten bei *Mandarin International* werden geschlagen. Sie erhalten keinen Lohn, wenn sie von den sog. »Tugenden einer Industrienäherin« abweichen, z.B. während der Arbeit reden, essen oder mehr als zwei mal am Tag zur Toilette gehen. Die Arbeitsbedingungen bei *Mandarin* machen krank: Trotz Tropenklimas wird die Betriebshalle kaum entlüftet oder sauberes Trinkwasser bereitgestellt.

Eine Arbeiterin bei *Mandarin International* verdient 85 Pfennig in der Stunde. Nach Angaben des *National Labor Committees*, einem Bündnis kritischer KonsumentInnen in den USA, kann sie mit einem solchen Monatslohn gerade einmal 18 Prozent des notwendigen Lebensunterhalts einer vierköpfigen Familie decken. »Besser als nichts«, sagen viele. Wer zu Überstunden nicht bereit oder in der Lage ist, wird fristlos entlassen. Aus der desolaten Arbeitsmarktsituation profitiert die Firmenleitung. »Tausende von Frauen sitzen auf der Straße und warten auf eine Beschäftigung bei *Mandarin*«, sagt der Unternehmer.

SETMI – die erste Maquila-Gewerkschaft in El Salvador

Im November 1993 versuchten ArbeiterInnen bei Mandarin, sich gegen die sklavischen Arbeitsbedingungen zur Wehr zu setzen, und gründeten eine Betriebsgewerkschaft. Hundert Beschäftigte wurden prompt entlassen, darunter die gesamte Gewerkschaftsführung.

Erst im Januar 1995 gelang den Beschäftigten bei Mandarin die Reorganisierung und staatliche Anerkennung ihrer Betriebsgewerkschaft *SETMI*. Zu dieser Zeit hatte die sklavische Behandlung der Textilarbeiterinnen in diesem Betrieb einen unerträglichen Höhepunkt erreicht: Einer schwangeren Arbeiterin war untersagt worden, trotz einsetzender Wehen ins Krankenhaus zu gehen, so daß diese ihr Kind auf der Fabriktoilette bekam. Gleichzeitig begannen sich die internationale und vor allem die US-amerikanische Öffentlichkeit, für die Arbeitssituation in den Weltmarktfabriken, in Mittelamerika *Maquiladoras* genannt, zu interessieren.

Der Kampf des Unternehmens gegen die erste Gewerkschaft in einer Freien Produktionszone El Salvadors begann prompt nach der Gründung: Die GewerkschafterInnen wurden frist- und entschädigungslos entlassen. Das Management von Mandarin verbreitete ein Klima der Angst. Bewaffnete Sicherheitskräfte setzten die ArbeiterInnen unter Druck und kündigten an, die gewerkschaftlich Organisierten zu entlassen, bis die Gewerkschaft vollends aus dem Betrieb verschwunden sei. Ex-Armee-Oberst Amaya, Personalchef bei Mandarin, drohte den ArbeiterInnen an, es werde Blut fließen, wenn die Gewerkschaft nicht verschwinde.

Mandarin reagierte auf die Gewerkschaftsgründung und die anhaltenden Proteste am 7. Februar 1995 mit der Aussperrung der restlichen Belegschaft. Als diese das Gelände vor der Fabrik besetzten, schritten bewaffnete Sicherheitskräfte ein und schlugen auf die streikenden Frauen ein. Nur durch die rasche Einrichtung einer unabhängigen Kommission, bestehend aus VertreterInnen des Parlaments, der UNO, des staatlichen

Menschenrechtsbüros und des Arbeitsministeriums, konnte ein Blutvergießen verhindert werden. Es gelang, ein Übereinkommen zwischen den Konfliktparteien zu unterzeichnen. Mandarin erkannte die Betriebsgewerkschaft *SETMI* an und sicherte zu, in Verhandlungen über kollektive, d.h. für alle ArbeiterInnen einheitlich geltende Arbeitsverträge einzutreten. Doch das Übereinkommen war das Papier nicht wert, auf dem es geschrieben stand: Noch am gleichen Tag setzte Mandarin 150 weitere gewerkschaftlich organisierte ArbeiterInnen auf die Straße.

Rosa Virginia Hermandez von Comutras El Salvador i Centro in Oberhausen vor der GAP-Filiale im Oktober 1996

GAP – ein Bekleidungsunternehmen in den USA gerät unter Druck

Unterdessen bildete sich in den USA eine Protestbewegung. Das *National Labor Committee (NLC)* solidarisierte sich mit den bei *Mandarin* beschäftigten Frauen und initiierte eine breite Öffentlichkeitskampagne gegen den US-amerikanischen Großabnehmer *GAP*. Das Bekleidungsunternehmen geriet unter Zugzwang – nicht zuletzt deshalb, weil es sich selbst mit einem *corporate code of conduct*, einer Art selbstverliehenem Verhaltenskodex, schmückt. Darin versichert der Modemulti, nur von solchen Zulieferbetrieben Kleidung abzunehmen, in denen bestimmte soziale Standards bei der Produktion von Kleidung eingehalten werden.

Als das *GAP*-Management die Verletzung ihres Verhaltenskodexes in dem taiwanesischen Maquila-Betrieb nicht länger leugnen konnte, suspendierte es am 16. November 1995 seine Aufträge bei Mandarin. Daraufhin begann in El Salvador eine Hetzkampagne gegen die US-Gewerkschaften und Solidaritätsgruppen. Die salvadorianische Regierungspartei *ARENA* unterstellte ihnen protektionistische Interessen. Die UnterzeichnerInnen eines Protestbriefes an *GAP* – mehrheitlich aus den Reihen der Oppositionspartei *FMLN* – wurden vom salvadorianischen Präsidenten Calderón Sol als »Mißgeburten« und »Vaterlandsverräter« beschimpft.

Dennoch ließ der Druck auf *GAP* nicht nach. Das *NLC*, Kirchenfunktionäre und VertreterInnen von Solidaritätsgruppen sowie KonsumentInnen- und Frauenorganisationen verlangten bei Demonstrationen, in Protestbriefen, Telefonaktionen und Medienauftritten, daß *GAP* seine Aufträge an Mandarin nicht zurückziehe, sondern sich für die Einhaltung der sozialen und menschenrechtlichen Mindeststandards bei all seinen Zulieferern einsetze.

Am 15. Dezember 1995 setzten sich VertreterInnen des *GAP*-Management mit Charles Kernaghan vom *NLC* und anderen kritischen KonsumentInnen an einen Tisch. Ergebnis war ein Abkommen, nach dem *GAP* fortan die direkte Verantwortung für die Bedingungen, unter denen seine Produkte hergestellt werden, tragen will. Überall dort, wo *GAP* produzieren läßt, soll eine unabhängige BeobachterInnenkommission eingerichtet werden, die die Einhaltung sozialer und menschenrechtlicher Mindeststandards in den Betrieben überwacht. Seine Aufträge an *Mandarin* zog *GAP* nicht zurück. Die entlassenen ArbeiterInnen wurden wieder eingestellt.

Ein Stein gerät ins Rollen – das Parlament beschließt eine Gesetzesreform

Dieser Erfolge bestärkten auch die salvadorianischen Gewerkschafts- und Frauenorganisationen. Auf politischer Ebene kam es gar zu zukunftsweisenden Vereinbarungen: Nicht zuletzt weil *GAP* die salvadorianische Regierung aufforderte, dafür Sorge zu tragen, daß in allen Maquila-Betrieben die Arbeitsgesetze eingehalten werden, gelang der Initiative zur Novellierung des *Ley del Regimen de Zonas Francas y Recintos Fiscales* (des Gesetzes zur Regulierung der Freien Produktionszonen) der entscheidende Durchbruch. Am 25. Januar 1996 verabschiedete das salvadorianische Parlament eine Gesetzesreform, die Unternehmen in den Zonas Francas explizit dazu verpflichtet, Gesetze, Verordnungen und sonstige Verfügungen des Arbeitsrechts und der gesetzlichen Sozialversicherung einzuhalten – einschließlich des Vereinigungsrechts, des Verbotes von Zwangsarbeit, des Mindestalters bei Arbeitsaufnahme und »akzeptabler Arbeitsbedingungen, wie der Respektierung des Mindestlohnes, der Arbeitszeit und des Gesundheits- und Arbeitsplatzschutzes«. Im Falle von teilweisen oder totalen Betriebsschließungen müssen die Unternehmen fortan die nach dem Arbeitsgesetz vorgesehenen Abfindungen, Weihnachts- und Urlaubsgelder und sonstige Leistungen an die Beschäftigten bezahlen. Als Sanktionen sieht die Novelle Bußgelder, Suspendierungen oder Widerruf der Zoll- und Steuerbefreiung vor.

Im Ergebnis wurden die wesentlichen Forderungen der Frauenbewegung *Mélida Anaya Montes* (MAM) und des Arbeiterinnenkomitees *COMUTRAS* der demokratischen Arbeiterkonföderation (CTD) erfüllt – ein Erfolg der gesamten *Maquila-Bewegung* in El Salvador und der internationalen Solidaritätsbewegung, der beispielhaft sein könnte.

Edna Bonacich

The Labor behind the Label – Die Arbeit hinter der Marke

Wie die »Modemacherinnen« in Los Angeles/USA arbeiten

Die US-Bekleidungsindustrie ist im Niedergang begriffen. Jeden Monat werden die neuesten Zahlen über den Verlust von Arbeitsplätzen bekanntgegeben. Parallel dazu geben andere Berichte Auskunft über die Zunahme der Importe. Trotz der Verlagerung von Arbeitsplätzen in ausländische Produktionsstätten spielen in den USA ansässige Produzenten und Händler eine wichtige Rolle in der Produktion von Bekleidung für den US-Markt. Sie sind multinationale Firmen geworden. Sie lassen im Ausland fertigen, bleiben aber für die Bestellung und Vermarktung zuständig.

Im Gegensatz zu multinationalen Firmen, die Zweigstellen in Entwicklungsländern gründen, handeln US-Bekleidungsfirmen Verträge mit dortigen Lizenznehmern und Lieferanten aus.

Die treibende Kraft hinter den Produktionsverlagerungen ist zweifellos die Suche nach stets billigeren Arbeitskräften. US-Bekleidungsfirmen suchen den Globus nach den besten Deals ab. Im allgemeinen gehen sie in Länder, in denen Bauern von ihrem Land verdrängt und junge Frauen dazu gezwungen werden, als LohnarbeiterInnen der ersten Generation in den Arbeitsmarkt einzutreten. Diese Arbeiterinnen leiden in der Folge unter verschiedenen Arten der Kontrolle und Unterdrückung. Vorherrschend sind patriarchale Familienstrukturen sowie brutale Arbeitgeber und Regierungen, die ihnen ihre politischen Grundfreiheiten vorenthalten. Für viele Länder, die sich rasch industrialisieren wollen, stellt die Bekleidungsindustrie einen Einstieg dar, da sie arbeits-, aber nicht kapitalintensiv ist. Regierungen versprechen US-Bekleidungsherstellern und -händlern eine kontrollierte, fügsame Arbeiterschaft, und dies für einen Bruchteil der US-Löhne.

Natürlich ziehen nicht alle US-Firmen die Produktion im Ausland vor, dennoch besteht für eine größer werdende Zahl der Trend, wenigstens einen Teil ihrer Produktion ins Ausland zu verlegen. Die Einrichtung der nordamerikanischen Freihandelszone NAFTA hat einen Teil dieser Bewegung nach Mexiko gelenkt. So werden US-Bekleidungshersteller und -händler weniger von Asien abhängig und verfügen in der westlichen

Hemisphäre über die *eigene* Niedriglohn-Arbeit. Importe aus Mexiko sind daher in die Höhe geschossen – mit Aussicht auf eine weiteres schnelles Wachstum – und haben die größten asiatischen Exporteure nach den USA verdrängt.

Los Angeles: Die große Ausnahme

Im Gegensatz zum übrigen Teil der USA wachsen in der Bekleidungsindustrie von Los Angeles die Beschäftigungszahlen und bietet L.A. in diesem Bereich die meisten Arbeitplätze in den USA. Zwar ist New York immer noch das wichtigste Modezentrum des Landes, dennoch sind Arbeitsplätze aus der Stadt abgezogen worden. Die Bekleidungsindustrie in Los Angeles übertrifft an Bedeutung sogar die Raum- und Luftfahrtindustrie, die aufgrund der nach Beendigung des Kalten Krieges erfolgten Einsparungen an Gewicht verloren hat. Obwohl die Stadt für ihre Bekleidungsindustrie nicht besonders bekannt ist, beschäftigt diese Branche mit schätzungsweise 150.000 Arbeitnehmern etwa ebenso viele Menschen wie die Filmindustrie.

Los Angeles ist vornehmlich ein Zentrum für die Produktion von mäßig teurer modischer Sportbekleidung für junge Frauen oder Jugendliche. Aus L.A. stammende Kleidung ist tendenziell für die Frühlings- und Sommersaison bestimmt. Sie ist meist farbenfroh und einfallsreich, womit dem sonnigen, zwanglosen und am Strandleben orientierten Image der Stadt Rechnung getragen wird. Einige der größten Bekleidungsfabrikanten der Stadt sind: *Guess? Inc, Bugle Boy, Rampage, Carole Little, Chorus Line* und *BCBH.*

In Los Angeles ansässige Firmen lassen auch im Ausland nähen. Gleichzeitig lassen einige nicht dort ansässige Fabrikanten in Los Angeles nähen. Ein Beispiel hierfür ist *Designer Holdings*, eine in New York ansässige Firma und Lizenznehmer von *Calvin Klein Jeanswear.*

Selbst wenn sie ihre Bekleidung in Los Angeles herstellen, produzieren nur wenige Hersteller (oder Händler) tatsächlich selbst. Sie gehen vielmehr über Subunternehmer. Sie sind buchstäblich zu tausenden in Los Angeles und seiner Umgegend verteilt. Die meisten von ihnen nähen Kleidung, einige von ihnen konzentrieren sich jedoch auf Spezialbereiche wie Zuschneiden, Waschen oder das Finishing. Die meisten Unterauftragnehmer betreiben Kleinbetriebe, die im Schnitt 35 ArbeitnehmerInnen beschäftigen. Größere Betriebe mit 300 bis 400 ArbeitnehmerInnen sind meist Montagehallen, in denen die Arbeiterinnen an Nähmaschinen sitzen und die zugeschnittenen Stoffteile zusammennähen.

Die Vorteile des Subunternehmersystems für die Hersteller[1]

Das auf Subunternehmen beruhende Vertragssystem wird von Herstellern aufgrund seiner Flexibilität geschätzt. Die Bekleidungsindustrie ist nicht sehr stabil, da sie sowohl saisonalen Schwankungen, als auch Modeänderungen unterworfen ist. Das Vertragssystem erlaubt es den Herstellern, nur dann Aufträge zu vergeben, wenn diese auch tatsächlich gebraucht werden. Hierdurch vermeidet man, das ganze Jahr hindurch eine Belegschaft unterhalten zu müssen. Die Subunternehmer passen sich den wandelnden Bedürfnissen der Industrie an, indem sie in dem Versuch, ihre Fabriken auf voller Kapazität laufen zu lassen, die Arbeit zwischen verschiedenen Herstellern hin und her verlagern.

Aber es gibt eine Kehrseite der Unterauftragsvergabe: Sie dient als ›Arbeits-Kontrollsystem‹. Indem sie Verträge mit Subunternehmen abschließen, externalisieren die Hersteller die Arbeit. Der Hersteller verliert dabei niemals den Anspruch über die Bekleidung, die der Subunternehmer näht. Sie verkaufen dem Vertragspartner nicht die zugeschnittenen Waren. Subunternehmen liefern nur die Arbeit. In der Regel werden sie geführt von MigrantInnen, die im allgemeinen nicht über sehr viel Kapital verfügen. Hersteller können daher die Subunternehmer in deren Bemühen, sich im Wettlauf nach Aufträgen gegenseitig zu unterbieten, gegeneinander ausspielen.

Subunternehmen der Bekleidungsindustrie gehören sehr oft zum informellen Sektor: Niemand weiß, wie viele Firmen ohne Lizenzen arbeiten oder steuerlich nicht erfaßt sind. Schätzungsweise sind es etwa ein Drittel aller Konfektionsfirmen. Einige dieser Firmen sind sehr kleine Garagenfirmen. Die geringe Größe und weite Verteilung der Firmen über das gesamte Gebiet von Los Angeles erlaubt es ihnen, staatlicher Kontrolle zu entgehen. Die Anzahl an staatlichen Kontrolleuren reicht nicht annähernd an die für die systematische Kontrolle der Industrie eigentlich nötige Anzahl heran. Hinzu kommt, daß Firmen, die für gesetzwidriges Handeln bestraft wurden, unter einem neuen Namen an einer anderen Stelle ihre Tätigkeit wieder aufnehmen.

Das Vertragssystem ermöglicht es, die Lohnkosten so niedrig wie möglich zu halten. Gleichzeitig können die Hersteller jede Verantwortung für Arbeitsbedingungen in den Betrieben der Subunternehmer ablehnen, da es sich bei jenen um ›unabhängige‹ Unternehmen handele. Sie können

[1] Mit »Hersteller« werden im folgenden die offiziellen, als Verkäufer der Bekleidung auftretenden Firmen benannt. Es können also auch Händler sein. Sie werden »Hersteller« (manufacturer) genannt, obgleich sie in der Realität, wie die Autorin betont, sehr oft nicht die eigentlichen Produzenten sind. – d.Hrsg.

den Subunternehmern die Schuld für die Bedingungen in den Firmen geben, dabei ›vergessend‹, daß die Auftragnehmer mit den niedrigen Preisen, die ihnen der Hersteller diktiert, zurechtkommen müssen. Die Doppelzüngigkeit der Schuldabweisung wird daran offensichtlich, daß die Hersteller oftmals tägliche, strenge Qualitätskontrollen bei den Subunternehmen vornehmen, die sämtliche Bereiche der Produktion einschließen – nur nicht die Arbeitsbedingungen.

Das Vertragssystem verhindert darüber hinaus gewerkschaftliche Organisierung. Da die Arbeit eines bestimmten Herstellers auf viele kleine, weit verstreute Betriebe verteilt wird, wissen die Arbeiter der individuellen Unternehmen oft nicht einmal von ihrer gegenseitigen Existenz. Die Hersteller selbst geben die Identität der verschiedenen Subunternehmen nicht preis. Deshalb wissen diese nicht, wer für den gleichen Hersteller arbeitet. Für die Beschäftigten besteht das Dilemma, daß sie wegen der niedrigen Gewinnspanne der Subunternehmen kaum höhere Löhne bezahlt bekämen, selbst wenn sie einen Gewerkschaftskampf gewinnen sollten. Zusätzlich würde vermutlich schon der bloße Versuch der Organisation einer Fabrik den Hersteller dazu veranlassen, den Auftrag an die Fabrik zurückzuziehen, was die Beschäftigten arbeitslos machen würde.

Die hätten nur dann eine Chance auf Erfolg, wenn alle jene, die für einen Hersteller arbeiten, sich zusammenschließen würden. Nur so könnten sie den Hersteller dazu bringen, sich mit ihren Forderungen nach höheren Löhnen auseinanderzusetzen. Schließlich ist es der Hersteller, der am meisten von ihrer Arbeit profitiert und den Mehrwert abschöpft, von dem Lohnerhöhungen bezahlt werden könnten.

MigrantInnen als ArbeiterInnen der Bekleidungsbranche

Die Beschäftigten in der Bekleidungsindustrie von L.A. sind ausschließlich MigrantInnen. Die Mehrheit stammt aus Lateinamerika, d.h. aus Mexiko und Zentralamerika, insbesondere El Salvador und Guatemala. Ungefähr zehn Prozent sind aus Asien, vor allem China und Südostasien, darunter Vietnam, Kambodscha und Thailand. Die größte Gruppe stammt aus Mexiko. Sehr viele besitzen keine Papiere, keine Arbeitserlaubnis. Die meisten sprechen kein Englisch und viele haben kaum Schulbildung in ihen Heimatländern erhalten. Die Bekleidungsindustrie ist zusammen mit der Hausindustrie und in gewissem Maße auch dem Hotel- und Gaststättengewerbe einer der Hauptarbeitgeber für illegale MigrantInnen. Wegen ihres ungeschützten Status werden sie besonders gern angestellt.

Zählungen von 1990 zufolge sind 70 Prozent der in der Bekleidungsindustrie beschäftigten Frauen. Im Gegensatz zur Maquiladora-Industrie von Mexiko, Mittelamerika und der Karibik, wo die Arbeiterinnen weniger als 20 Jahre alt sind, sind sie in L.A. zwischen 20 und 40 Jahre alt, Mütter und oft die einzigen Ernährer ihrer Familien. Die Anzahl der Männer, die an den Nähmaschinen arbeiten, ist im letzten Jahrzehnt angestiegen, möglicherweise als Folge der zunehmenden migrantenfeindlichen Stimmung und Politik in Kalifornien. Mit der Verschärfung der Maßnahmen gegen die illegale Einwanderung werden immer mehr MigrantInnen dazu gezwungen, jede Art von Beschäftigung, die sie finden können, anzunehmen. Die Bekleidungsindustrie bleibt jedoch ein williger Arbeitgeber von illegalen Einwanderern.

Illegale MigrantInnen sind offenbar besonderer Ausbeutung ausgesetzt und diese verschärft sich in Zeiten öffentlicher Hetze gegen Einwanderer. Illegale Migranten haben nicht wie amerikanische Staatsbürger und legale Einwanderer die Möglichkeit, sich mit juristischen Mitteln zu verteidigen, und sind zusätzlich stets der Möglichkeit der Entdeckung und Abschiebung ausgesetzt. Die Arbeitgeber nutzen die damit verbundene Angst gnadenlos aus. Die Beschäftigten können dazu gezwungen werden, unter der Last der Unterdrückung still zu halten. Einige ArbeiterInnen besitzen zwar einen legalen Status, sie haben jedoch selten die Möglichkeit, Englisch zu lernen und US-Staatsbürger zu werden. Auf diese Weise bleiben sie ohne Stimme. Hinzu kommt die Tatsache, daß die meisten der Beschäftigten Frauen sind, die mit noch größerer Wahrscheinlichkeit allen möglichen Formen der Diskriminierung seitens ihrer Arbeitgeber ausgesetzt sind.

Arbeitsbedingungen in den Betrieben

Die Arbeitsbedingungen bei Unterauftragnehmern in L.A. sind sich erstaunlich ähnlich. Zum Beispiel werden die ArbeiterInnen im Stücklohn bezahlt. Sowohl kalifornische, als auch Bundesgesetze verlangen, daß Beschäftigte Mindestlohn und Überstundenbonus (50 Prozent) erhalten, auch wenn sie auf Akkordbasis arbeiten. Gegen diese Bestimmungen wird routinemäßig verstoßen. Subunternehmer bezahlen generell nur den Basislohn und ersinnen alle nur möglichen Tricks, um dies zu verdecken: Sie fälschen die Bücher und die Zeitkarten, zahlen Überstunden ebenso wie Heimarbeit und Samstagsarbeit schwarz... Die Nichteinhaltung des Mindestlohns ist zwar weniger üblich, jedoch kann davon ausgegangen werden, daß die meisten Beschäftigten gerade den Mindestlohn, wenn nicht weniger verdienen.

Stücklohn ermutigt zur Selbstausbeutung, da die Beschäftigten sehr schnell und so viele Stunden wie möglich arbeiten, um ihren Lebensunterhalt zu verdienen. Das schafft die Illusion, daß die Lohnhöhe durch die eigene Arbeitsgeschwindigkeit selbst bestimmt werden kann und macht es schwierig für die Beschäftigten, das gemeinsame Los der Ausbeutung wahrzunehmen. Die Illusion wird erschüttert, wenn den Arbeiterinnen neue Aufgaben zugeteilt werden und sie daraufhin feststellen müssen, daß ihr vorheriges Lohnniveau einbricht, oder wenn der Subunternehmer den Stücklohn als kostensparende Maßnahme kürzt.

Heimarbeit kommt in der Bekleidungsindustrie Los Angeles häufig vor. Einige Beschäftigte arbeiten nur zu Hause, während andere nach der Arbeitszeit in der Fabrik Arbeit mit nach Hause nehmen. Heimarbeit kann für Frauen interessant sein, wenn sie Arbeit und Kinderbetreuung verbinden wollen. Berücksichtigt man alle Nebenkosten, so erhält eine Heimarbeiterin den geringsten Lohn von allen. Zudem wird sie durch staatliche Inspektionen nicht geschützt, denn industrielle Heimarbeit ist illegal. Mindestlohn- und Überstundenbonusregelungen gelten hier nicht.

Die Beschäftigten der Bekleidungsindustrie bekommen kaum Zuschläge irgendeiner Art. Sie erhalten normalerweise keinen bezahlten Urlaub oder Lohnfortzahlungen bei Krankheit. Krankenversicherung gibt es nicht – weder für die Arbeiterin noch für die Familie. Indem der Hersteller, der selbst ein profitables Unternehmen besitzen und sehr reich sein kann, nicht für die Krankenversicherung der Arbeiterinnen aufkommt, zwingt er seine Beschäftigten, auf das überlastete, ausgelaugte kommunale Gesundheitssystem auszuweichen. Wieder stellen wir fest, daß der Subunternehmer durch die künstliche Distanz zwischen Auftraggebern und ArbeiterInnen jeder Verantwortung entgeht und die Steuerzahler zwingt, für die durch ihn entstehenden Kosten aufzukommen.

Abgesehen von den kärglichen Löhnen, die Beschäftigte der Bekleidungsindustrie in L.A. verdienen, leiden sie unter anderen Formen der Ausbeutung. Da die Subunternehmen Kleinbetriebe sind, fehlen meist administrative Regeln, und die Arbeiterinnen unterliegen der direkten Autorität des Besitzers und der Aufseher. Diese Autorität kann willkürlich ausgeübt werden. ArbeiterInnen können Opfer aller möglichen Formen von persönlicher Diskriminierung und Übergriffen werden – von verbalen Angriffen bis hin zu sexueller Belästigung. Diese beleidigende und erniedrigende Behandlung ertragen Arbeiterinnen oft weniger als die Last der Billiglöhne.

Zu all diesen Problemen kommen noch Verstöße gegen die Gesundheits- und Sicherheitsverordnungen hinzu. Eine jüngere Untersuchung ergab, daß bis zu 92 Prozent der Betriebe die gesetzlichen Bestimmung nicht einhalten und 72 Prozent derart die gesetzlichen Bestimmungen mißachten, daß die Gefahr von Verletzungen oder sogar tödlichen Unfällen bestehe. Hierunter fallen blockierte Notausgänge, unisolierte Kabel und ungesicherte Maschinen. Viele der Betriebe würden im Falle eines Brands zu Todesfallen für die Arbeiterinnen werden.[2]

Die Rückkehr der »Sweat Shops«

Zur Zeit sprechen viele Regierungsvertreter von einer Rückkehr der Sweat Shops. In den USA wurden Sweat Shops in der Bekleidungsindustrie durch das Entstehen mächtiger Textilgewerkschaften und durch die Politik des New Deal, die für die Einhaltung von grundlegenden Arbeitsstandards eintrat, zurückgedrängt. Seit den 70er Jahren und verstärkt seit den 80ern und 90ern erleben wir in der US-Bekleidungsindustrie einen Niedergang der Lohn- und Arbeitsverhältnisse. Zugleich wächst der informelle Sektor und nehmen Gesetzesverstöße zu. Trotz der Beteuerungen von führenden Industriellen, daß es sich bei den Sweat Shops nur um wenige Ausnahmen handele, ist die gesamte Branche von diesen Problemen betroffen.

Für die Rückkehr der Sweat Shops, gibt es viele Gründe. Sicher spielt die Globalisierung eine bedeutende Rolle. Bekleidungshersteller und Großhändler können ihre Produktion jederzeit ins Ausland verlagern oder dies zumindest androhen und dadurch die einheimischen Beschäftigten dazu zwingen, die Arbeitsverhältnisse so wie sie sind zu akzeptieren oder aber ihren Arbeitsplatz zu verlieren. Hersteller und Großhändler führen dabei das Argument an, daß sie jederzeit ihre Waren zu einem Bruchteil der Kosten im Ausland herstellen lassen können. So wird jede Verbesserung der Lohn- und Arbeitsverhältnisse als eine Bedrohung für den Industriestandort L.A. interpretiert.

Es ist wichtig zu beachten, daß und warum die Konfektion in Los Angeles im Wachstum begriffen ist und nicht alle Unternehmen ihre Betriebe an billigere Standorte verlagert haben. Die Industrie von L.A. hat sich in hohem Maße auf modische Bekleidung spezialisiert, bei der die Produktionsgeschwindigkeit wichtiger als der Preis ist. Außerdem sind die Auftragsmengen relativ klein und daher nicht für die auf Massenproduktion spezialisierte Herstellungsweise im Ausland geeignet. Die Kleinbetriebe von L.A. können sehr gut diese kleinen Losgrößen fertigen. Hinzu kommt der Agglomerationsvorteil von L.A., der es den Herstellern erlaubt, sämtliche für die Produktion notwendigen Elemente in der unmittelbaren Nachbarschaft vorzufinden.

Dies bedeutet nicht, daß die Branche im Falle eines starken Anstiegs

---

[2] Vgl. die Einführung – d.Hrsg.

der Lohnkosten nicht die Betriebe nach Mexiko verlagern würde. Mexiko ist in der Nähe und die mexikanischen Firmen könnten durchaus die Kapazitäten für das Subunternehmertum im Stile von L.A. entwickeln. Im Moment haben sie diese Kapazitäten nicht. Daher wächst die Produktion von Bekleidung in L.A., trotz der Androhung der Branche, nach Mexiko umzuziehen, falls sie aufgefordert werden würde, ihre Geschäftsprinzipien zu ändern.

Die Globalisierung selbst kann als Teil einer umfangreicheren Entwicklung angesehen werden, die zur Rückkehr der Sweat Shops geführt hat. Diese schließt den Abbau des Sozialstaats und den Kampf gegen die Arbeiterbewegung mit ein. Im allgemein sind wir Zeugen der Bemühung des Kapitals, an Macht zu gewinnen und dabei die Macht der Arbeiter einzuschränken. Arbeiter in den Vereinigten Staaten (und in anderen Industrienationen) wurden nach und nach der Errungenschaften beraubt, die sie sich in der Nachkriegszeit erkämpft hatten. Staatliche Programme und Unterstützung sind eingeschränkt worden, die Arbeitslosigkeit ist gestiegen und die Reallöhne sind zurückgegangen. Gleichzeitig werden Unternehmer und die sie unterstützenden Manager und Fachleute immer reicher. Der Abstand zwischen reich und arm hat sich vergrößert. Diese Entwicklung ist in Los Angeles noch deutlicher als anderswo in den USA.

Der erste große Angriff gegen die Arbeiterbewegung erfolgte, als Ronald Reagan Präsident wurde und den Streik der Fluglotsen brach. Seitdem haben die Gewerkschaften den Niedergang der rechtlichen Garantien für die gewerkschaftliche Organisation, die ihnen während des New Deal gegeben wurden, erleben müssen. Unfaire Praktiken der Arbeitgeber gegenüber den Arbeitnehmern sind schamloser geworden, denn die Arbeitgeber haben gelernt, daß es billiger ist, die Gewerkschaften zu bekämpfen als mit ihnen Tarifverhandlungen zu führen.

Ein weiterer Grund für die Zunahme von Sweat Shops ist die Konsolidierung des Handels. Seit Mitte der 80er Jahre gibt es eine erhebliche Fusionsbewegung, in deren Verlauf sich riesige Ladenketten gegenseitig übernommen und dabei eine enorme Schuldenlast aufgehäuft haben. Einige Händler sind Bankrott gegangen. Andere sind Mega-Handelshäuser geworden, die ihre Macht gegenüber den Produzenten der Industrie ausspielen können. Die Händler können die Hersteller dazu anhalten, Kosten zu reduzieren, Modestile schneller zu ändern und mehr Bestände zu halten, um eigene Kosten zu sparen. Viele Händler besitzen mittlerweile ihre eigenen Marken. Sie beauftragen direkt eigene Subunternehmer und umgehen somit die Hersteller. Sie unterbieten die großen Markenhersteller und üben einen starken Preisdruck auf sie aus. All dies führt dazu, daß ein großer Druck auf der gesamten Bekleidungsbranche lastet, der sich am stärksten auf das letzte Glied der Kette, die Arbeiter und Arbeiterinnen in den USA und anderswo auswirkt.

Ethnizität

In Los Angeles ist die Bekleidungsindustrie nach ethnischer Herkunft strukturiert. Die Hersteller sind überwiegend europäischer Abstammung, einige stammen aus dem mittleren Osten und Asien. Juden spielen ebenfalls eine wichtige Rolle. Die Subunternehmer sind im Gegensatz dazu ausnahmslos MigrantInnen. Sie kommen aus der ganzen Welt, meist aus Asien. Obwohl Koreaner quantitativ nicht die größte Gruppe darstellen, besitzen sie doch einige der größten Betriebe und ihre Präsenz ist im Bekleidungsgeschäft sehr deutlich.

Die Subunternehmer beschäftigen überwiegend MigrantInnen aus Lateinamerika. Obwohl es einige lateinamerikanische Subunternehmer gibt, ist doch das vorherrschende Muster: asiatische Subunternehmer und lateinamerikanische Arbeiterinnen. Es gibt einige Fälle, in denen Subunternehmer und Beschäftigte gleicher Herkunft sind und ein paternalistisches Verhältnis zwischen Arbeitgeber und Arbeitnehmer existiert. Aber dies ist in Los Angeles die Ausnahme. In L.A. scheint das Verhältnis von Subunternehmern und Arbeitern einen ausschließlich geschäftlichen Charakter zu tragen. Die Ausbeutung wird demnach nicht durch familiäre Bindungen oder eine gewisse gegenseitige Verpflichtung aufgrund der gemeinsamen Herkunft abgemildert.

Die ethnische Differenzierung in Subunternehmer und Arbeiter unterscheidet Los Angeles von anderen US-Städten. In Großbritannien beschäftigen Südasiaten Südasiaten, Chinesen in New York und San Francisco beschäftigen ebenfalls Chinesen, und so weiter. Im Fall des berühmt-berüchtigten thailändischen *Slave Shop* von El Monte beschäftigten thailändische Subunternehmer thailändische Arbeiterinnen.

Das in Los Angeles anzutreffende Muster der ethnischen Differenzierung findet man zunehmend in Mexiko, Mittelamerika und in der Karibik, wo asiatische Unternehmer aus Korea und Taiwan in Ländern wie Guatemala und der Dominikanischen Republik einheimische Arbeitskräfte beschäftigen. Diese Firmen sind Subunternehmer für US-amerikanische Hersteller und Handelshäuser. Möglicherweise verbreitet sich dieses Muster mittlerweile in andere US-Städte wie z.B. New York. Das Phänomen der ethnischen Differenzierung zwischen den drei Stufen der Branche, d.h. weiße Hersteller, asiatische Subunternehmer und lateinamerikanische ArbeiterInnen, schafft eine Dynamik, die erhebliche Konsequenzen für das ethnische Gefüge der Stadt haben kann. Es entwickelt sich eine nicht zu unterschätzende Spannung zwischen der asiatischen und lateinamerikanischen Gemeinschaft, da sie an der Front eines ausbeuterischen Systems aufeinandertreffen. Unterdessen brauchen die wirklich Mächtigen, d.h. die Hersteller, Händler, Grundbesitzer, Bankiers, usw. – überwiegend gebürtige Amerikaner weißer Hautfarbe – sich nicht mit der sich zuspitzenden Situation am Arbeitsplatz auseinanderzusetzen, obwohl sie primär für die schlechten Arbeitsverhältnisse verantwortlich sind. Sie können die Schuld auf die Subunternehmer schieben und sie als gewiefte Geschäftsleute darstellen, die ihre Beschäftigten mißhandeln, während der saubere anständige weiße amerikanische Geschäftsmann nicht daran dächte, einen Sweat Shop aufzumachen. Auf diese Weise wird dem Rassismus Vorschub geleistet, um die gegenwärtigen Machtverhältnisse zu stabilisieren.

Bemühungen um die Zurückdrängung der Sweat Shops

Aufgrund der Zunahme der Sweat Shops unternimmt die Regierung nun Anstrengungen zur Zurückdrängung dieser Betriebe. Sowohl der Staat Kalifornien als auch die Bundesregierung haben dafür Maßnahmen eingeleitet. Problematisch ist jedoch, daß nach der Schließung seines Sweat Shop der betroffene Unternehmer gewöhnlich an anderer Stelle unter neuem Namen seinen Betrieb wieder aufmacht. Da die Hersteller (und Händler) die Preise bestimmen, die die Rahmenbedingungen schaffen, unter denen Bekleidungsfabriken arbeiten, muß nun ein Weg gefunden werden, sie für das verantwortlich machen zu können, was in *ihren* Betrieben geschieht.

Das US-Arbeitsministerium (DOL) hat besonders innovative Schritte zur Lösung des Problems unternommen. Es setzt das Prinzip der »heißen Ware« ein, um die Hersteller dazu zu zwingen, die Produktionsbedingungen ihrer Bekleidung zu beachten. Eine als »heiße Ware« bezeichnete Ware ist in illegalen Arbeitsverhältnissen produziert worden und darf keine Grenzen überschreiten. In der Modeindustrie spielt der Zeitfaktor eine maßgebliche Rolle, daher zwingt die Regelung die Hersteller, sicherzustellen, daß die Subunternehmen keine illegalen Praktiken anwenden. Das DOL konnte viele Hersteller überreden, eine Vereinbarung zur Überwachung ihrer eigenen Subunternehmer zu unterzeichnen. Diese *Einwilligungsvereinbarungen* (compliance agreements) haben die Industrie dazu gebracht, Maßnahmen zur Überprüfung der Subunternehmen zu ergreifen.

Natürlich stellt sich die Frage, ob eine solche Herangehensweise wirksam ist, denn so, sagen kritische Stimmen, mache man lediglich den Bock zum Gärtner. Sogar wenn die Hersteller sich ernsthaft bemühen, entsteht eine Reihe von Problemen. Aus Angst vor der Entlassung scheuen sich die Beschäftigten, Verstöße von Bestimmungen zu melden. Hersteller werden drohen, dem Subunternehmer keine Aufträge mehr zu geben. Während dies als Anreiz für einige Betriebe dienen mag, ihre Geschäftsprinzipien zu ändern, verhalten sich andere lediglich vorsichtiger, da ja die generelle wirtschaftliche Lage sich für sie nicht geändert hat.

Tatsächlich besteht die einzige wirklich wirksame Sanktion darin, daß der Hersteller sich weigert, dem Subunternehmer Aufträge zu geben. Dies würde für den Subunternehmer ein Ende des Geschäfts bedeuten. Da weder die Subunternehmer noch die Beschäftigten dies wünschen, kooperieren beide Seiten, um illegale Praktiken in den Betrieben vor den Kontrolleuren des Herstellers zu verbergen. Außerdem drücken die Hersteller selbst meist beide Augen vor den Problemen in den Subunternehmen zu, um ihre Produktionspläne nicht zu stören. Schließlich sind es ihre Preise und Praktiken die an erster Stelle die Probleme verursachen. Ihre einzige Sorge besteht darin, beim DOL einen guten Eindruck zu hinterlassen, was aber nicht bedeutet, daß sie ernsthaft daran interessiert sind, die Industrie zu sanieren.

Die Sonderkommission des Weißen Hauses für die Bekleidungsindustrie (White House Apparel Industry Task Force/Partnership) hat kürzlich vorgeschagen, die Bekleidungsindustrie sowohl auf US-amerikanischer als auch auf globaler Ebene durch unabhängige Instanzen kontrollieren zu lassen. Der Vorschlag wurde gemacht, Nichtregierungsorganisationen und religiöse Gruppen als Kontrolleure einzusetzen, um die unvermeidlichen Probleme bei der Überwachung durch die Hersteller selbst zu umgehen. Die jahrelange Erfahrung von Subunternehmern im Vertuschen von Gesetzesverstößen lassen jedoch Zweifel daran aufkommen, daß unabhängige Organisationen die Probleme aufspüren könnten.

Gewerkschaftliche Organisierung

Der Ursprung des Problems liegt in der ungleichen Machtverteilung. Die Hersteller und ihre Verbündeten sind mächtig und die Beschäftigten machtlos. Die Bekleidungshersteller verfügen dabei nicht nur über den üblichen Machtvorteil, den Arbeitgeber gegenüber Arbeitnehmern besitzen. Vielmehr ist ihre Macht in diesem Fall durch fehlende Bürgerrechte der ArbeiterInnen übergroß. Die Bekleidungsindustrie operiert in gewisser Weise so wie der alte Süden der USA oder das Apartheidregime in Südafrika. Die Beschäftigten haben keinen Zugang zu staatlichen Institutionen, die einen Mindestschutz gewähren würden. Im Gegensatz dazu können die mächtigen Bekleidungsproduzenten den Bürgermeister oder Gouverneur anrufen, wenn ihnen bestimmte politische Maßnahmen mißfallen. Der Bürgermeister hat einen Ausschuß für die Bekleidungsindustrie unter dem Namen *Kalifornische Modegesellschaft* (»California Fashion Association«) geschaffen, um die Industrie zu schützen und zu fördern. In diesem Ausschuß sind ArbeiterInnen nicht vertreten., Arbeiterinnen und Arbeiter sind ohne jede Stimme.

Gewerkschaftliche Organisierung ist eine Antwort auf diese Situation. Die Beschäftigten müssen sich organisieren und verlangen, daß ihre Interessen und Bedürfnisse berücksichtigt werden. Leider ist die Gewerkschaft der Beschäftigten der Bekleidungsindustrie in L.A. mit nur ca. 3.000 Mitgliedern außerordentlich schwach. Dies ist historisch nicht immer der Fall gewesen, die Mitgliederzahl ist allerdings angesichts der beschriebenen Umstände zurückgegangen.

Obendrein werden Firmen, in denen sich die Beschäftigten gewerkschaftlich organisieren, von den Herstellern boykottiert.

Eine Organisierung der ArbeiterInnen in dieser Industrie verlangt daher spezielle Strategien. Insbesondere müßten die Hersteller in Tarifverträge eingebunden werden, damit jene den Subunternehmern genug bezahlen, um für die von den Gewerkschaften verlangten Gehälter und Zulagen aufkommen zu können. Ein Tarifvertrag dieser Art wäre die einzige Form einer ›gemeinsame Verpflichtung‹, die erfolgversprechend ist. Da die Bemühungen des DOL die Hersteller nicht dazu zwingen kann, höhere Preise zu zahlen, sind sie zum Scheitern verurteilt. Nur wütende und aufgebrachte ArbeiterInnen, die nicht länger bereit sind, die Arbeitsbedingungen zu akzeptieren, können einen Wandel erzwingen.

UNITE, die Gewerkschaft der Nähberufe, Industrie- und Textilbeschäftigten, ist gegenwärtig darum bemüht, die Beschäftigten des größten L.A.-Bekleidungsherstellers *Guess? Inc.* zu organisieren. *Guess?* ist ein Konzern, der jährlich über 500 Millionen US-Dollar umsetzt. *Guess?* realisiert sehr hohe Profite und seine Hauptbesitzer, die drei Marciano Brüder, sind Multimillionäre. Sie sind radikale Gewerkschaftsgegner. Sie haben Sympathisanten entlassen, Anti-Gewerkschaftsdemonstrationen organisiert oder sind gerichtlich auf verschiedenste Weise vorgegangen. Wenn sie nur einen Bruchteil dessen, was sie ihren teuren Rechtsanwälten zahlen, benutzten, um die Gehälter aufzustocken, wäre das Los der Belegschaften der Subunternehmen um ein Vielfaches besser.

Ihr Anti-Gewerkschaftsaktivismus wird vom Rest der Industrie gutgeheißen, da dieser befürchtet, daß durch einen Erfolg der Gewerkschaften sich die Machtverhältnisse in der Branche grundlegend verändern würden.

Es gibt natürlich auch jene, die das Argument anführen, daß Organisierung lediglich zu einer schnelleren Verlagerung der gesamten Produktion nach Mexiko führen würde. *Guess?* hat bereits einen Teil seiner Produktion nach Mexiko verlagert, und die Geschäftsleitung bestreitet, daß dies mit gewerkschaftlichen Aktivitäten zu tun habe. Ohne Zweifel würde die Organisierung der ArbeiterInnen eine gewisse Verlagerung nach Süden nach sich ziehen. Dennoch kann angenommen werden, daß bestimmte Bereiche der Branche zumindest bis auf weiteres in Los Angeles bleiben würden. Außerdem würde der durch die gewerkschaftliche Organisation der Arbeiter entstehende Kostendruck vermutlich einige Hersteller dazu veranlassen, neue Technologien ausfindig zu machen, damit die Abhängigkeit der Industrie von der Sweat Shop-Arbeit reduziert würde. Hiermit wird bereits im Süden der USA experimentiert, da dort ein Arbeitskräftemangel zu einem gewissen Anstieg der Löhne geführt hat. Die Verlegung zumindest eines Teils der Industrie über die Grenze würde jedoch wahrscheinlich *UNITE* dazu veranlassen, einen grenzüberschreitenden Versuch der gewerkschaftlichen Organisation zum Vorteil der Beschäftigten beiderseits der Grenze einzuleiten.

Ein wichtiger Punkt in den Bemühungen um gewerkschaftliche Organisation ist die Anerkennung der Tatsache, daß Beschäftige und Gewerkschaften nicht allein agieren können. Sie brauchen vielmehr eine starke lokale Unterstützung. Lokale und religiöse Gruppen spielen nun eine aktivere Rolle in der Verurteilung von Sweat Shops-Praktiken und verLAngen, daß Hersteller und Großhändler für die Bedingungen, unter denen ihre Bekleidung hergestellt wird, zur Verantwortung gezogen werden. Auch Kunden äußern durch kritisches Kaufverhalten Bedenken über in Sweat Shops hergestellte Kleidung und über eine Modebranche, die sich die jeweils billigsten Arbeitskräfte der Welt sucht.

Anstelle eines allgemeinen Boykotts aller Firmen, die von der Arbeit der Sweat Shops leben, welcher nahezu alle Bekleidungshersteller umfassen müßte, ist der Druck der VerbraucherInnen und lokalen Gruppen am wirkungsvollsten, wenn er gezielt Anwendung findet und gleichzeitig die Gewerkschaftsbewegung unterstützt. So können zum Beispiel lokale Gruppen Druck auf Guess ausüben und damit die ArbeiterInnen von *Guess* unterstützen, indem sie keine *Guess*-Produkte kaufen und sich den Aktionen und Demonstrationen für die Anerkennung der Gewerkschaften anschließen.

Fazit

Einige sind der Überzeugung, daß die Bekleidungsindustrie von L.A. nicht gewerkschaftlich organisiert werden kann. Das Kräfteverhältnis falle so sehr zu ungunsten der Beschäftigten der Bekleidungsindustrie aus, daß jegliche Bemühungen sinnlos seien, und sie vielmehr individuelle versuchen sollten, so gut wie möglich zurecht zu kommen. Ich kann eine solche fatalistische Einstellung nicht teilen. Die Beschäftigten der Bekleidungsindustrie gehören zu den am meisten unterdrückten und ausgebeuteten Menschen unserer Stadt. Ihr Kampf braucht die Unterstützung eines Jeden. Wenn sie diese Unterstützung bekommen, werden sie sich durchsetzen können.

Die Autorinnen und Autoren

Kerstin Bast-Haider, Dr., Soziologin, promovierte und veröffentlicht unter anderem zum Strukturbruch der ostdeutschen Textil- und Bekleidungsindustrie und seinen Folgen für Frauen.

Edna Bonacich, Prof., Soziologin, Ethnologin, University of California, Los Angeles, U.S.A., untersucht die Bekleidungsindustrie von Los Angeles und ist Mitglied von *Common Threads* – einem Frauenkollektiv, das BekleidungsindustriearbeiterInnen in ihrem Bestreben unterstützt, sich zu organisieren.

Sabine Broscheit zeichnet bei der *Christlichen Initiative Romero/CIR* verantwortlich für Mittelamerika. Die CIR ist eine der maßgeblichen TrägerInnen der deutschen *Kampagne für sozial saubere Kleidung.*

Regine Grienberger, Agraringenieurin, aus der Bonner Städtegruppe von *Terre des Femmes.* Sie organisiert – zusammen mit anderen Bonner Gruppen – Straßentheater und Aktionen im Rahmen der *Kampagne für sozial saubere Kleidung.*

Brigitte Hauschild ist Mitglied und Beraterin der nicaraguanischen Näh-Cooperative »Julia H. de Pomares«.

Henrike Henschen, Journalistin, engagiert sich in der Tübinger Städtegruppe von *Terre des Femmes*, die von Beginn an in der deutschen *Kampagne für sozial saubere Kleidung* stellvertretend für die Bundesorganisation *Terre des Femmes* aktiv ist.

Ronald Köpke, Dr., Soziologe, veröffentlicht zu Auswirkungen der Freien Produktionszonen/Maquiladoras in Mittelamerika.

Althea Macquene arbeitete bei *der International Labour Resource and Information Group/ILRIG*, einer Institution, die zu Problemen von Arbeit und Beschäftigung in Südafrika forscht und Gewerkschaften berät. Althea war Koordinatorin des Projektes *Frauen und Globalisierung*.

Cha Mi Kyung aus Südkorea studierte Politikwissenschaften und ging als Gewerkschaftsorganisatorin in Fabriken. 1993 bis 1997 recherchierte sie für das *Asian Monitor Resource Centre/AMRC* (Hong Kong) über Arbeitsbedingungen in der chinesischen Spielzeug- und Bekleidungsindustrie. Zurückgekehrt nach Südkorea untersucht sie als Mitarbeiterin des *Korean House for International Solidarity/KHIS – People's Solidarity for Participatory Democracy/PSPD* die Tätigkeit südkoreanischer Multis im Ausland.

Bettina Musiolek, Dr., Sozialökonomin, arbeitet zum Thema Strukturanpassung / Globalisierung und Frauen im Osten, Westen und im Süden. Sie gehört der Arbeitsgruppe »Frauen und Wirtschaft« (AG-Textil) des *NRO-Frauenforum* an – eine der TrägerInnen der *Kampagne für sozial saubere Kleidung.*

H.I.Samanmalie (ihren richtigen Namen kann sie nicht nennen) arbeitete in Bekleidungsfabriken der Freihandelszonen Sri Lankas und ist Aktivistin des *Da Bindu Collective for Women*, einer unabhängigen Frauen-Organisation.

Christa Wichterich, Dr., Soziologin und Journalistin, arbeitet zu Problemen der Entwicklungspolitik, Frauenbewegung, Frauenarbeit und Globalisierung.

Brandes & Apsel

A. Komlosy / C. Parnreiter
I. Stacher / S. Zimmermann (Hrsg.)
Ungeregelt und unterbezahlt
Der informelle Sektor in der Weltwirtschaftt
252 S., ISBN 3-86099-171-X

In Folge des Drucks globaler Konkurrenz wird der Kernbereich geregelter und gewerkschaftlich abgesicherter Arbeitsverhältnisse immer kleiner. Während das Kapital davon profitiert, tragen die Lasten jene, die unterbezahlte Produktions- und unbezahlte Reproduktionsarbeit leisten. Das Buch beleuchtet die komplexen Zusammenhänge aus unterschiedlichen Blickwinkeln.

Werner G. Raza / Andreas Novy (Hrsg.)
Nachhaltig reich – nachhaltig arm?
208 S., ISBN 3-86099-273-2

»Nachhaltigkeit« – das viel benutzte Schlüsselwort aus den 80er Jahren hat seinen kritischen und emanzipatorischen Charakter verloren. Eine internationale Gruppe von SozialwissenschaftlerInnen zeigt die Grenzen des aktuellen Diskurses über »nachhaltige Entwicklung« auf und liefert eine kritische Reflexion dieses Konzepts.

Leo Gabriel (Hrsg.)
Die globale Vereinnahmung und der Widerstand Lateinamerikas
208 S., ISBN 3-86099-146-9

ExpertInnen aus Lateinamerika und dem deutschen Sprachraum analysieren die politischen und ökonomischen Prozesse von Mexiko bis Chile und entdecken dabei, wie sehr sich der Widerstand gegen diese globale Vereinnahmung bereits ausgeweitet hat.

»... doch die Zapatisten glauben daran, daß in diesem Körper, den sie als Zivilgesellschaft bezeichnen, geheime Muskeln vorhanden sind, eine latente schöpferische Kraft des Widerstands...« *(E. Galeano)*

Dritte-Welt-JournalistInnen-Netz
Verwaschen und verschwommen
Fremde Frauenwelten in den Medien
Hrsg. v. Bärbel Röben und Cornelia Wilß
184 S., , ISBN 3-86099-138-8

»Die Autorinnen entlarven Eurozentrismus und Schubladendenken, aber sie verdammen nicht von ihrem stabilen interkulturellen Wachposten aus Fernsehanstalten und Presse. Sie hinterfragen auch immer wieder ihre eigene Haltung.« *(die tageszeitung)*

Paulina Chiziane
Wind der Apokalypse
Roman
Aus dem Portugiesischen übersetzt und mit einem Nachwort versehen von Elisa Fuchs
264 S., vierf. geb., ISBN 3-86099-454-9

Paulina Chiziane gehört zu den wenigen international bekannten afrikanischen Schriftstellerinnen, die nun auch ins Deusche übersetzt werden. In *Wind der Apokalypse* verarbeitet sie traumatische Erfahrungen der jüngeren Geschichte Mozambiques. Chiziane zeigt in dichter poetischer Sprache, wie mündliche Überieferungen und Mythen im Bürgerrieg wiederbelebt werden, um Macht zu erobern und Menschen zu vernichten.

Katja Werthmann
Nachbarinnen
Die Alltagswelt muslimischer Frauen in einer nigerianischen Großstadt
256 S., ISBN 3-86099-272-9

Die Studie betrachtet Frauen im islamischen Afrika nicht aus eurozentrischer Perspektive als homogene Gruppe, sondern als konkrete, handelnde Personen in einem komplexen sozialen Umfeld.

Bitte Gesamtverzeichnis anfordern bei:
Brandes & Apsel Verlag
Zeilweg 20
D-60439 Frankfurt a.M.